ステークホルダー別

私的企業再生の
税務
ハンドブック

アクタス税理士法人
税理士 勢〆健一 著

税務経理協会

は じ め に

　1990年代後半に起こったバブル経済の崩壊や2000年代後半のリーマンショックなど，日本経済は常に上り調子ではなく，景気変動を幾度となく繰り返しています。企業再生の手続きも社会経済環境の変化に大きな影響を受け，会社更生法や民事再生法など法的再生手続きが整備される一方，法的再生手続きによらない私的再生手続きの必要性が高まり，今ではその手法も多様化しています。この10年間でみると企業再生の手法として活用された件数は，法的再生手続きよりも私的再生手続きの方が多いと思われます。

　そして2020年初頭からの新型コロナウイルスの感染拡大により，日常生活や事業環境が大きく変化し，緊急事態宣言の発出が繰り返されるなど，先行きが不透明な状態が続いています。政府や金融機関による資金繰り支援制度等を活用してこの状況を乗り越えようとしている企業がある一方，事業基盤の弱い中小企業を中心に，特に新型コロナウイルス禍の影響が大きい業種では倒産する企業が増加し，雇用や地域経済への影響に懸念が広がっています。

　このような厳しい経済環境下でも事業継続を諦めず経営課題に正面から向き合い，自己改革を目指す企業も少なくないと思われます。新型コロナウイルスの影響が長期化し，多くの企業で資金繰りが厳しい中，債務が大幅に膨らんでいる状況から脱却するために，今後，私的再生手続きによる企業再生が増加するでしょう。

本書においては，中小企業が私的再生手続きを進めるケースに絞り，ステークホルダーである債務者企業，債権者，取締役等，保証人，株主における税務上の論点や申告手続き等を解説しました。

　また，本書は顧問先である中小企業の再生に携わっている士業の先生方，融資先の再生を支援する金融機関の担当者あるいは企業再生の専門家を目指す方を主な読者層と想定した内容となっています。本書を活用し，1社でも多くの中小企業がこの難局を乗り越えていただきたいと切に願っております。

　最後になりましたが，本書刊行に当たりまして，執筆の機会を与えていただきました株式会社税務経理協会編集部の中村謙一氏をはじめ，編集部の皆様にはこの場をお借りして心から感謝申し上げます。

2021 年 10 月

アクタス税理士法人

勢〆　健一

································ CONTENTS ································

第**3**章　ケーススタディ

【凡　例】

本文中で使用している主な法令等の略語は，次のとおりです。

略語表記	法令及び通達等
所法	所得税法
所令	所得税法施行令
所規	所得税法施行規則
所基通	所得税基本通達
法法	法人税法
法令	法人税法施行令
法規	法人税法施行規則
法基通	法人税基本通達
相法	相続税法
相令	相続税法施行令
相基通	相続税法基本通達
財基通	財産評価基本通達
措法	租税特別措置法
措通	租税特別措置法通達

（例）法法 57 ⑪二　→　法人税法 57 条 11 項 2 号

第 **1** 章

企業再生の概要

1 | 企業再生とは

　企業再生は，何らかの窮境原因により過剰債務に苦しんでいる企業が，事業改善による収益力の向上や非事業用資産の売却による財務面の改善など事業継続に向けた自助努力をもってしても，債務の返済が困難，あるいは返済が長期間にわたることが想定される場合に，債権者等の利害関係者やスポンサーなどの協力を得て，過剰債務を解消するために行われる一連の手続きである。

　企業再生は事業面の改善と財務面の改善を併せて行う必要があるが，会社更生法や民事再生法といった法的再生手続き，あるいは一部の利害関係者の支援による私的再生手続きはいずれも財務面の改善を行うための方法である。財務面の改善を行うだけで企業が再生できるわけではないため，事業面の改善も併せて行う必要がある。

　中小企業が企業再生に取り組む場合，大企業に比べ事業基盤が弱く，取引先を巻き込んだ法的再生手続きは選択しづらいため，金融機関を中心とした特定の債権者にのみ金融支援を依頼する私的再生手続きにより再生を目指すケースが多いのが実情である。

　1990年代後半のバブル経済崩壊を受け，金融機関の経営破綻が相次ぎ，回収見込みのない不良債権の処理が国策として進められた。その過程で私的再生の重要性が認識され，株式会社産業再生機構の設立や企業再生税制の制定など私的再生手続きが順次整備され，実務的にも定着してきている。

　中小企業の私的再生手続きとして広く認識されている中小企業再生支援協

議会もこの時期に設置されている。2003年度に業務を開始してからの取組実績を見ると，2021年3月末までに相談件数が49,971件，計画策定完了が18,340件となっており（中小企業再生支援協議会の活動状況について（中小企業庁2021年6月）），計画策定が完了した案件のうち，抜本的な金融支援策である債務免除の実施は1,409件（9.0％）となっている。債務免除の実施のうち，事業譲渡や会社分割による第二会社方式が1,052件，中小企業に対して直接債権放棄を行ったものは357件である。金融支援のうち金融機関による条件変更（リスケジュール）が大半を占めるが，事業の選択と集中による事業改善や雇用の維持が図られるなど地域経済に対する貢献度が高まっている。

2 | 企業再生手法の概説

企業再生の手法は法的再生手続きと私的再生手続きに大別される。

【再生手続きの種類】

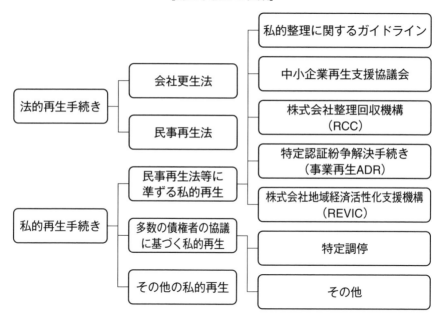

法的再生手続きには会社更生法による手続きと民事再生法による手続きがあり，いずれも裁判所の管轄下において厳格に進められるため不正が入りにくく，債権者に対する公平性が担保されている。しかし，官報による公告が必要とされているため，広く一般に知られることとなり，経営破綻や倒産というイメージがついてしまう。そのため，再生手続きにもかかわらず，事業

毀損が原因で再生手続きを途中で断念し，破産に移行せざるを得ないケースもある。

　会社更生法ないしは民事再生法による手続きは各法に厳格な手続きが明文化されている。会社更生法は株式会社のみを対象にしており，大企業が適用することを想定している。一方，民事再生法は株式会社以外の法人や個人も対象にしており，規模を問わないため，会社更生法に比べ利用実績が多い。

　法的再生手続きによらずに債権者と債務者企業との合意により債権債務を整理する手続きを私的再生手続きという。私的再生手続きには明文化された法律はなく，また裁判所が関与しないため弁護士が両社間の取りまとめを行うことが一般的である。

　私的再生手続きを明確に分類する基準として，税務上の取扱いを反映させ，民事再生法等に準ずる私的再生手続き，多数の債権者の協議に基づく私的再生手続き，その他の手続きによる私的再生の3種類に区分されることが多い。

	法的再生手続き	私的再生手続き
特徴	手続きが法律で定められており，裁判所の管轄下で行われる。	手続きが明確化されておらず，債権者と債務者の協議により行われる。
メリット	債権者に対して公平・公正。	対象債権者を限定するなど柔軟・迅速な対応が可能。
メリット	債権者の多数決で可決される。	原則，公表されないめ，事業が毀損しにくい。
メリット	可決された計画案は反対債権者に対しても強制力がある。	
メリット	企業再生税制が適用できる。	
デメリット	手続きが複雑で柔軟性がない。	債権者にとって手続きの公正性に疑義が生ずる場合がある。
デメリット	公表されるため倒産のイメージがつき，事業が毀損する可能性がある。	債権者全員の合意が必要。
デメリット		計画案に反対する債権者に対して強制力がない。
デメリット		税務上の要件を満たさない場合は企業再生税制を適用できない。

3 | 金融支援の種類

　債権者から受ける金融支援の内容としては下表に示すものが想定されるが，抜本的な企業再生を目指す場合，債務者企業の収益力に対して返済可能な額（一般的にはフリーキャッシュフローの 10 倍といわれている）まで債務を減額する必要がある。抜本的な金融支援のうち債務者企業側で利益として計上する必要があるものは DES（デット・エクイティ・スワップ）と債権放棄の 2 種類である。

債権者	金融支援の内容	具体的な方法	債務者企業の会計処理
金融機関	条件変更	元金の支払い猶予（リスケジュール）	なし
		金利（率）の減免	なし
		利息の支払い猶予	なし
		DDS（既存借入金を劣後ローンへ変更）	なし
		DES（既存貸付金による現物出資）	債務消滅益
		債権放棄	債務免除益
	融資	借換えによる条件変更（借入期間の長期化など）	なし
		新規融資	なし
取引先	条件変更	単価の見直し，支払いサイトの長期化など	なし
	融資	新規融資	なし

　DES は，債権者が貸付金などの既存の債権を現物出資することにより債務者企業の株式を取得する方法である。現物出資するに当たり，債務者企業に

対する債権を時価評価（日本公認会士協会の企業価値評価ガイドラインなどを参考）する必要があるが，回収可能性を考慮した評価額になるため，私的再生を行う債務者企業に対する債権の時価は，債権の額面金額を下回ることが想定される。債務者企業ではDESにより増加する資本金等の額が債権の額面金額を下回る場合，その差額は返済の免除を受けることと同じであるため，債務消滅益として利益に計上する必要がある。

　債務者企業では債務が資本金等に変わり，元金返済や利息の支払い負担がなくなるため，資金繰りの改善が期待されるが，債権者が金融機関の場合，取得した株式の流通性等を考慮するため，債務者企業が中小企業の場合はDESが行われる可能性はほとんどないと思われる。

　中小企業の場合，収益性のある事業を事業譲渡や会社分割により新会社へ移し，スポンサー企業の下で事業改善や設備投資を行い，企業再生を目指す第二会社スキームが多く活用されている。第二会社スキームにより新会社では将来収益力に基づく返済可能額まで債務額を圧縮することができる。一方，不採算事業は旧会社へ残した上で旧会社を清算し，清算手続きの中で債権者等から債権放棄を受ける。この第二会社スキームにより旧会社では資産処分を行うことで含み損が顕在化し，かつ期限切れ欠損金を活用することができるため，課税の問題をクリアすることができる。しかし，第二会社スキームでは法人格が旧会社から新会社へ変わるため，取引先から新会社との契約を断られたり，許認可によっては新会社で再取得するために時間がかかるなど，新会社で事業を継続することに支障となる状況が生ずる場合もある。そのような場合，法人格をそのまま活用し，債務者企業に直接金融支援をするスキームを選択せざるを得ないケースもある。この場合に活用を検討するのが企業再生税制である。

【DESのイメージ図】

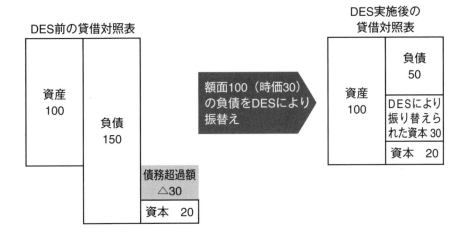

DES前の貸借対照表

資産 100	負債 150
	債務超過額 △30
	資本 20

額面100（時価30）の負債をDESにより振替え

DES実施後の貸借対照表

資産 100	負債 50
	DESにより振り替えられた資本 30
	資本 20

【第二会社スキームのイメージ図】

A社

| 優良事業の資産 | 優良事業の負債 |
| 不採算事業の資産 | 不採算事業の負債 |

A社の優良事業をスポンサーY社へ移す。

スポンサーY社

| 既存事業の資産 | 既存事業の負債 |
| 優良事業の資産 | 優良事業の負債 |

不採算事業のみとなったA社は解散する。

A社

| 不採算事業の資産 | 不採算事業の負債 |

4 企業再生税制の変遷

　企業再生税制とは，①資産の評価益の額又は評価損の額を益金の額又は損金の額に算入する措置と，②前記①の適用を受ける場合に，繰越欠損金額の損金算入について青色欠損金額等以外の欠損金額（期限切れ欠損金額）を優先的に控除する措置を指す。いずれの措置も通常は認められておらず，会社更生法や金融機関の更生手続きの特例等に関する法律による更生手続きがあった場合に特例的に認められていたものである。

　1990年代初頭に起きたバブル経済の崩壊により，日本では金融機関が抱える不良債権処理の加速化と民間企業や産業の再生の円滑化，加速化が不可欠とされていた時代背景の中，迅速な再生手続きを税務面でも支援する観点から，平成17年度の税制改正において企業再生関係税制が大幅に改正され，民事再生法等に準ずる事実という概念を構築し，一般的な措置として，民事再生法等の法的再生手続き又はこれに準ずる一定の私的再生手続きが行われる場合に，債務者企業において企業再生関係税制が適用できることとなった。

　平成17年度の税制改正以降，財産評定の対象となる資産の範囲，債務免除等を行う金融機関の範囲，有利子負債が10億円未満の場合における手続きなど，実務面を考慮した改正が数度にわたり行われ，現在に至っている。

5 企業再生における税務の論点

企業再生における税務上の論点は，以下の3点に集約することができる。

① 債務者企業が債権者等から金融支援を受けた場合に，債務者企業に生じる経済的利益に対して課税負担を回避することができるか。

② 債務者企業を再生させるために債権者等の利害関係者が協力した場合に，協力したことにより債権者等に生じる経済的損失が税務上の損金となるか。

③ 債務者企業を再生させるために債権者等の利害関係者が協力した場合に，協力する際に債権者等に生じる経済的利益に課税負担が及ばないか。

企業再生の場面では債務者企業だけではなく，債権者，取締役等，保証人，債務者企業の株主，取引先，従業員など様々な利害関係者が登場する。企業再生をまとめるためには利害関係者の協力が不可欠である。利害関係者の協力を得るためにも，債務者企業に係る税務上の論点だけではなく，企業再生に取り組む過程で利害関係者に対してどのような課税関係が生じるのかも重要な論点となる。特に中小企業の場合，経営者，保証人，株主が同一人物である場合も多いため，様々な角度から検討をする必要がある。

【当事者関係図】

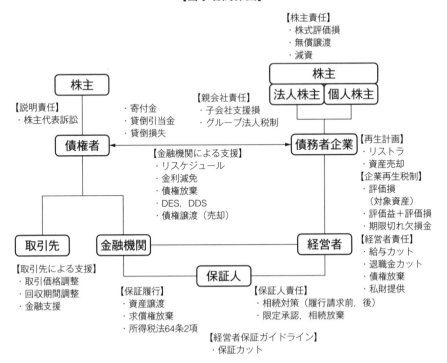

【株主責任】
・株式評価損
・無償譲渡
・減資

株主
法人株主　個人株主

株主

【説明責任】
・株主代表訴訟

・寄付金
・貸倒引当金
・貸倒損失

【親会社責任】
・子会社支援損
・グループ法人税制

債権者　　　　　　　　　　　　債務者企業

【再生計画】
・リストラ
・資産売却

【金融機関による支援】
・リスケジュール
・金利減免
・債権放棄
・DES, DDS
・債権譲渡（売却）

【企業再生税制】
・評価損
　（対象資産）
・評価益＋評価損
・期限切れ欠損金

取引先　　　金融機関　　　　　　経営者

【経営者責任】
・給与カット
・退職金カット
・債権放棄
・私財提供

【取引先による支援】
・取引価格調整
・回収期間調整
・金融支援

保証人

【保証履行】
・資産譲渡
・求償権放棄
・所得税法64条2項

【保証人責任】
・相続対策（履行請求前，後）
・限定承認，相続放棄

【経営者保証ガイドライン】
・保証カット

1　債務者企業に係る税務

　資金繰りが厳しく債務の返済が困難な場合，債権者から返済条件の変更や返済猶予を受けたり，不採算事業からの撤退や非事業用資産の処分などの自助努力を行い，キャッシュフローの改善を図ることになる。事業用資産に多額の含み損を抱えている場合，外部への売却ができないため，グループ会社へ資産を売却し，賃貸借契約を締結し継続利用することが検討される。

　中小企業の場合，経営者が所有している不動産を低額な賃料あるいは無償で会社が利用している場合や，経営者個人が会社に貸し付けて資金繰りを回

している場合も散見される。

　しかし，自助努力をもってしても返済に窮している場合は，抜本的な金融支援策として債務の免除を債権者に求める必要がある。債務者企業が債務免除を受けると債務免除益が計上され，課税所得が増加することになる。債務免除を受けたことにより債務者企業で課税が生じた場合，過剰支援として債権者側にも寄附金課税の問題が生じるため，債務免除益課税を回避するための対策が必要となる。

　債務者企業が債権者等から金融支援等を受けた場合の税務上の論点としては下記のようなものが考えられる。

① 含み損のある資産をグループ会社に売却する場合の問題

② 債権者から受けた金融支援に対する課税の問題

③ 金融支援を益金に計上する時期の問題

④ 資産の含み損を損金にできるかの問題

⑤ 期限切れ欠損金を活用できるかの問題

⑥ 青色欠損金と期限切れ欠損金の控除する順序の問題

⑦ 経営者から私財提供を受けた場合の問題

⑧ 経営者の給与を減額した場合の問題

⑨ 保証人が保証履行した場合の問題

⑩ 保証人から求償権の放棄を受けた場合の問題

⑪ 保証人から私財提供を受けた場合の問題

2 債権者に係る税務

　債務者企業から金融支援の要請を受けた場合，債権者は債務者企業の再生可能性の有無や破産した場合との回収可能額の比較，あるいは債務者企業が

破綻した場合の地域経済への影響，雇用問題，連鎖倒産の可能性など総合的に検証を行い，金融支援要請に協力するかどうか判断することになる。また，債務者企業が中小企業の場合は経営者が保証人となっている場合が一般的であるため保証人への対応を含め検討する必要がある。

　債権者が債務者企業に対して金融支援を行った場合の税務上の論点としては下記のようなものが考えられる。

　① 金融支援により生じる損失（支援損）が税務上の損金となるかの問題

　② 支援損が損金となる時期の問題

　③ 保証人から代物弁済を受けた場合の問題

3 取締役等（経営者・役員）に係る税務

　取締役等は窮境に陥った責任の明確化を図るため退任することが原則である。しかし，取締役等に就任して間もないため，窮境原因との関連性が乏しい取締役等や債務者企業の再生に不可欠と判断される取締役等は引き続き経営に参画する場合がある。このような場合でも，給与の減額や会社への貸付金の放棄，私財提供などにより一定の責任を果たすことが求められる場合がある。

　中小企業の場合，取締役等が債務者企業の借入金に対して個人保証している場合が一般的であるため，経営者責任と合わせて連帯保証人としての責任も要求されることが多い。

　取締役等が経営者責任を果たすために行った行為に対する税務上の論点としては下記のようなものが考えられる。

　① 役員報酬を減額した場合の問題

　② 債務者企業への貸付金を放棄した場合の問題

③　債務者企業へ個人財産を私財提供した場合の問題

4　株主に係る税務

　法人が倒産した場合，法人の財産を換価処分し，株主に優先して債権者が分配を受けることができる。株主は有限責任のため株主が経営者や保証人でなければ私財提供までは求められないが，債務者企業が債務超過の場合，株式としての価値がゼロとなることで株主責任を果たしたとされる。また，スポンサーが債務者企業に出資する場合，既存株主の影響を排除したいため，株主責任として100％減資を行うことが多い。

　中小企業の場合，株主が経営者や保証人を兼ねている場合が一般的であるため，株主責任と合わせて経営者責任や保証人としての責任も要求されることが多い。

　株主が株主責任を果たすために行った行為に対する税務上の論点としては下記のようなものが考えられる。

①　債務者企業の株式をスポンサー等に譲渡した場合の問題

②　債務者企業が100％減資をした場合の問題

5　保証人に係る税務

　主債務者である債務者企業が債権者へ返済を行っている限りにおいては，保証債務は実現していない偶発債務である。しかし，債務者企業が返済に窮している，あるいは返済をすることができない場合には債権者は保証人へ保証履行請求を行い，回収を図ることができる。

　保証人は保証債務を履行するために個人財産を処分して返済を行う場合が

あるが，処分した財産が不動産などの譲渡所得の対象となる資産である場合，税務上の問題が生ずることになる。保証人が債務者企業に代わり債権者へ返済を行った場合，債務者企業に対する求償権を取得することになるが，求償権を行使しても債務者企業から返済を受けられる可能性は極めて小さいのが実態である。

　中小企業の場合，経営者が保証人となっている場合が一般的であるため，債権者から経営者責任と合わせて，保証履行により発生した求償権の行使も放棄するよう要求されることが多い。

　保証人が債権者からの保証履行請求に応じるために行った行為等に対する税務上の論点としては下記のようなものが考えられる。

① 保証履行のために不動産等の譲渡を行った場合の問題

② 債務者企業に資産を贈与した場合の問題

③ 保証履行により生じた債務者企業への求償権の問題

④ 保証履行しても保証債務を全額弁済できなかった場合の問題

⑤ 経営者保証ガイドラインにより残債務の免除を受けた場合の問題

⑥ 自己破産した場合の問題

⑦ 保証人間の負担割合の問題

第**2**章

私的企業再生における税務

1 | 債務者企業に係る税務

1 企業再生税制

　企業再生税制とは，会社更生法による更生手続きの開始決定や民事再生法による再生手続きの開始決定があった場合に，債務者企業において，①資産の評価益の額又は評価損の額を益金の額又は損金の額に算入する措置と，②上記①の適用を受ける場合に，青色欠損金に優先して期限切れ欠損金を活用できる措置のことをいう。

　従来，企業再生税制は法的再生手続きにのみ認められていた制度であったが，過剰債務を抱える企業が迅速かつ確実な再建を目指すためには私的再生手続きも有効な方法として認識され，また，私的再生のスキームや体制等が整備されたことに伴い，平成17年度の税制改正において企業再生税制の大幅な改正が行われた。この改正により，一定の私的再生手続きについても企業再生税制の適用が可能となった。ただし，私的再生手続きには様々な形態があるため，単に再生手続きというだけでは税務上の特例を受けることができない点には注意が必要である。

2 企業再生税制の対象となる私的再生手続きの範囲 ─民事再生法の法的整理に準じた私的整理とは

　私的再生手続きは，法的再生手続きと異なり裁判所が関与せず，当事者間

の協議等により進められる手続きのため，恣意性が入りやすく，公正性や公平性の面で課題が指摘されていた。そのため，平成17年度の税制改正で手当てされた企業再生税制では，民事再生法の法的整理に準じた私的整理という概念を構築し，次の要件を満たすものに限り企業再生税制が適用できることとした。

民事再生法の法的整理に準じた一定の私的整理の要件	
イ	一般に公表された債務処理を行うための手続きについての準則（公正かつ適正なもので，特定の者が専ら利用するためのものでないもの）に従って再生計画が策定されていること
ロ	公正な価額による資産評定が行われ，その資産評定に基づく実態貸借対照表が作成されていること
ハ	上記ロの実態貸借対照表に基づく債務超過の状況等により債務免除等をする金額が定められていること
ニ	2以上の金融機関が債務免除等をすることが定められていること（政府関係金融機関，株式会社地域経済活性化支援機構（以下「機構」という）又は株式会社整理回収機構（以下「RCC」という）は単独放棄でも可）

　私的整理に関するガイドライン研究会をはじめ，各機関が国税庁に対して事前照会を行い，照会されたスキームによる再生計画については企業再生税制が適用できる要件を満たしている旨の文書回答が公表されている（以下「公表された準則」という）。公表された準則は企業再生税制が適用できる要件のイに該当するものであるが，公表された準則にはその他の要件を充足する内容が含まれているため，公表された準則により進められる私的再生手続きは，企業再生税制が適用できる要件を満たしていると考えて問題ないと思われる。なお，中小企業の場合は，中小企業再生支援協議会による中小企業再生支援スキームと事業再生ADRスキームが比較的多く活用されている。

文書照会された準則	手続き実施者
私的整理ガイドライン及び同 Q&A による再建計画	選任された専門家アドバイザー
中小企業再生支援スキームによる再生計画	中小企業再生支援協議会 中小企業再生支援全国本部
RCC 企業再生スキームによる再生計画	㈱整理回収機構
特定認証紛争解決手続による事業再生計画 （事業再生 ADR スキーム）	特定認証紛争解決事業者
地域経済活性化支援機構が関与した再生計画	㈱地域経済活性化支援機構

3 資産の評価損益の特例

（1） 制度の概要

　法人税法においては，原則として資産の評価益及び評価損の計上は認められていない（法法 25 ①，33 ①）。したがって，更生計画認可の決定による評価替えをして帳簿価額を増額した場合など一定の事実により評価替えをした場合を除き，各事業年度で評価益及び評価損を計上した場合には，これらの金額は所得金額の計算上，益金の額及び損金の額に算入されない。

　しかし，迅速な企業再生を支援する観点から，公表された準則により，その法人が有する資産の価額につき所定の評定を行っているときは，その資産の評価益又は評価損の金額は，これらの事実が生じた日の属する事業年度の益金の額又は損金の額に算入することができるとされている。

　日本弁護士連合会及び日本税理士会連合会の連名により，特定調停スキームにおける手引きに従って策定された再建計画により債権放棄が行われた場合の税務上の取扱いについて事前照会が行われている。特定調停スキームにおいて，多数の債権者の協議により債務免除を含む内容が決められた場合，決定に恣意性がなく，かつ合理性があると認められるため，期限切れ欠損金

の損金算入の適用がある旨の回答が出されている。しかし，事前照会された特定調停スキームにおける手引きには，債務者企業の有する資産等に対する財産評定に関する事項等が定められていない。そのため，民事再生法等に準ずる事実等の要件を満たしていないため，債務処理を行うための手続きについての準則に該当しないことから，資産の評価益又は評価損の益金算入又は損金算入の規定の適用はできないとされている。

（2）　評価対象となる資産の範囲

　公表された準則には，実態貸借対照表を作成するための資産及び負債の価値を決定する評定基準が明示されている。参考として，中小企業再生支援協議会及び中小企業再生支援全国本部による中小企業再生支援スキームの評定基準は以下のとおりである。

【中小企業再生支援スキームの評定基準】

項目	内容
一　目的	本基準は、債務者の実態的な財政状態を明らかにして債務者の再生可能性の判断に資する情報を提供し、また、再生可能と見込まれる債務者が引き続き事業を継続することを可能にしつつ、債務者に対して債権放棄等の金融支援を行う債権者の経済合理性を満たすような公正かつ適正な債務処理を行うための手続の一環として、公正な価額による債務者の有する資産及び負債の価額の評定を行うために定める。
二　評定の原則	「一　目的」に鑑み、本評定では、債務者の有する資産等から回収可能な価額（直接的な回収額以外の価額を含む）の算出に当たっては、原則として、時価により評定するものとし、時価として公正な評価額以外のその他の価額による場合には本基準に評定方法を定めるものとする。ただし、今後継続使用しない資産については、処分価額により評定することができる。 　また、債務者の負う負債等の金額を明らかにするため、別段の定めのない負債については、原則として一般に公正妥当と認められる企業会計の基準に準拠して評定するものとする。 　なお、本評定を行うに当たっては、適切な評定基準日を設定することとする。また、当初の評定から事業再生計画の成立までに事情の変更があった場合には、当該変更が評定に与える影響を適切に反映するものとし、当初の評定基準日が属する事業年度の決算期が到来する等相当の期間が経過する場合には適切に時点修正するものとする。
三　用語の定義	1　時価とは、原則として一定の信頼性をもって測定可能な公正な評価額をいう。ただし、代替的又特定的にその他の価額による場合がある。公正な評価額とは観察可能な市場価格をいい、市場価格が観察できない場合には合理的に算定された価額をいう。いずれの場合にも、公正な評価額とは、独立した当事者間による競売又は清算による処分以外の取引において、資産の購入又は売却を行う場合のその価額をいう。 2　処分価額とは、継続を前提とする企業が資産譲渡を行う場合の売却見積額又は回収見積額から売却又は回収等の処分により負担する可能性のある取引費用を控除した価額をいう。 3　正味実現可能価額とは、資産を通常の営業過程において販売する場合の即時換金額であり、売価（販売見込額）からアフター・コストを控除した価額をいう。 4　正味売却価額とは、資産又は資産グループの売却価額から処分費用見込額を控除した価額をいう。 5　一般債権とは、経営状態に重大な問題が生じていない債務者に対する債権をいう。 6　貸倒懸念債権とは、経営破綻の状態には至っていないが、債務の弁済に重大な問題が生じているか又は生じる可能性の高い債務者に対する債権をいう。 7　破産更生債権等とは、経営破綻又実質的に経営破綻に陥っている債務者に対する債権をいう。

各資産科目ごとの資産評定基準

科目	内容
四　売上債権	売上債権については、原則として、各債権金額から貸倒見積額を控除した価額により評定する。貸倒見積額の算定は次の通りとする。 1　一般債権については、原則として過去の貸倒実績率等合理的な基準により貸倒見積額を算定する。ただし、評定基準日以降の回収実績による算定も可能とする。 2　貸倒懸念債権については、当該債権額から担保処分見込額及び保証による回収見込額を控除し、残額について債務者の財政状態及び経営成績を考慮して貸倒見積額を算定する。 3　破産更生債権等については、当該債権額から担保処分見込額及び保証による回収見込額を減額し、その残額を貸倒見積額とする。また、清算配当等により回収が可能と認められる額は、担保処分見込額及び保証による回収見込額と同様に取扱う。 4　子会社等の関係会社に対する売上債権に係る貸倒見積額については、親会社等として他の債権者と異なる取扱いを受ける可能性がある場合には、これによる影響額を合理的に見積もるものとする。
五　棚卸資産	1　商品・製品については、正味実現可能価額から販売努力に対する合理的見積利益を控除した価額により評定する。 2　半製品・仕掛品については、製品販売価額から完成までに要する費用、販売費用及び完成販売努力に対する合理的見積利益を控除した価額により評定する。 3　販売目的の財貨又は用役を生産するために短期間に消費されるべき原材料については、再調達原価により評定する。 4　品質低下、陳腐化等により収益性の低下している棚卸資産については、正味売却価額、処分価額又は一定の回転期間を超える場合には規則的に帳簿価額を切り下げる方法による価額により評定する。
六　販売用不動産等	1　開発を行わない不動産又は開発が完了した不動産は、正味実現可能価額から販売努力に対する合理的見積利益を控除した価額により評定する。 2　開発後販売する不動産は、開発後の正味実現可能価額から造成・開発原価等、今後完成までに要する見込額と販売努力に対する合理的見積利益を控除した価額により評定する。 3　なお、合理的見積利益を見積もることが困難な場合には、合理的見積利益を控除しないことができる。 4　売価は、販売公表価格又は販売予定価格とするが、当該価格での販売見込みが乏しい場合は、観察可能な市場価格がある場合には当該市場価格とし、観察可能な市場価格がない場合には、不動産鑑定士の不動産鑑定評価額等、一般に公表されている地価若しくは取引事例価格又は収益還元価額等の合理的に算定された価額とする。
七　前払費用	1　期間対応等により今後継続する事業の費用削減に資することが明らかである場合には、役務等の未提供部分に相当する支出額により評定する。 2　今後継続する事業の費用削減に貢献するとは見込まれない場合には、契約解除により現金回収が見込まれる回収見込額により評定する。

八　貸付金	1 原則として、各債権金額から貸倒見積額を控除した価額により評定する。
	2 貸倒見積額は、貸付先の決算書等により財務内容を把握し、貸付先の経営状況及び担保・保証等を考慮した回収可能性に応じて算定する。ただし、決算書等の入手が困難な場合には、「四　売上債権」に準じて評定することができる。
	3 子会社等の関係会社に対する貸付金に係る貸倒見積額については、親会社等として他の債権者と異なる取扱いを受ける可能性がある場合には、これによる影響額を合理的に見積もるものとする。
	4 役員等への貸付金に係る貸倒見積額は、当該役員等の資産や収入の状況、保証債務の状況等を勘案し算定する。この場合、保証債務又は経営責任により役員等に経済的負担がある場合等には、保証による回収見込額等と重複しないように留意する。
	5 従業員に対する住宅取得資金等の貸付金に係る貸倒見積額は、当該従業員の資産の状況、退職金支払予定額等を勘案して算定する。
九　未収入金等	1 金銭債権としての性質を有するものは、原則として「四売上債権」に準じて評定する。
	2 仮払金のうち、本来費用処理されるべき額については評定額は零とする。役員等に対する仮払金は役員等に対する貸付金に準じて評定する。
十　事業用不動産	1 原則として、不動産鑑定士による不動産鑑定評価額及びこれに準じる評価額（以下「不動産鑑定評価額等」という）により評定する。この場合、不動産鑑定評価等における前提条件、評価方法及び評価額が、本評定基準の評定方法に照らして適合していることを確認する。
	2 重要性が乏しい等により、不動産鑑定評価額等を取得する必要がないと判断される場合には、不動産鑑定評価基準（国土交通事務次官通知）における評価手法を適用して評定した額、土地について地価公示等の土地の公的評価額に基づいて適正に評価した額、償却資産について適正に算定した未償却残高等を合理的に算定した価額として評定することができる。
	3 なお、事業内容等に照らして評定単位について特に留意するものとする。
十一　投資不動産	1 原則として不動産鑑定評価額等により評定する。
	2 重要性が乏しい等により、不動産鑑定評価額等を取得する必要がないと判断される場合には、不動産鑑定評価基準における評価手法を適用して評定した額、土地について地価公示等の土地の公的評価額に基づいて適正に評価した額又は償却資産について適正に算定した未償却残高等を合理的に算定された価額として評定することができる。
十二　その他償却資産	1 観察可能な市場価格がある場合には、当該市場価格により評定する。
	2 観察可能な市場価格がない場合には、原価法による価格（再調達原価を求めた上で当該資産の取得時から評定時点までの物理的、機能的、経済的減価を適切に修正した価額をいう）、収益還元法による価格又は適正に算定された未償却残高を合理的に算定された価額として評定する。
十三　リース資産	リース資産については、ファイナンスリース取引に該当する場合で、賃貸借取引に準じた処理が行われている場合に、リース債権を担保債権として取り扱う場合には、リース資産については、未払リース料相当額は負債として計上し、見合としてのリース資産を、その他償却資産に準じて評定する

十四　無形固定資産	1　観察可能な市場価格がある場合には、当該市場価格により評定する。 2　観察可能な市場価格がない場合には、専門家による鑑定評価額や取引事例に基づき適正に評価した価格を合理的に算定された価額として評定する。 3　類似した資産がなく合理的な評定額を見積もることが出来ない場合には評定額は零とする。 4　本評定前に債務者が有償で取得したのれんは無形固定資産として評定するが、この場合、評定基準日において個別に明確に算定することができるものに限ることに特に留意する。
十五　有価証券（投資有価証券含む）	1　観察可能な市場価格がある場合には、当該市場価格により評定する。 2　観察可能な市場価格がない場合には、合理的に算定された価額により評定する。この場合、株式については日本公認会計士協会が策定した企業価値評価ガイドラインの評価方法等を参考とする。 3　観察可能な市場価格及び合理的に算定された価額が存在しない社債及びその他の債券については、当該債券について償却原価法を適用した価額から貸倒見積額を控除した価額により評定する。
十六　関係会社株式	1　観察可能な市場価格がある場合には、当該市場価格により評定する。 2　観察可能な市場価格がない場合には、合理的に算定された価額により評定する。この場合、日本公認会計士協会が策定した企業価値評価ガイドラインの評価方法等を参考とする。
十七　その他の投資	1　長期前払費用については、「七　前払費用」に準じて評定する。 2　敷金については、預託金額から契約により返還時に控除される額、原状回復費用見積額及び賃貸人の支払能力による回収不能額を控除した価額で評定する。 3　建設協力金については、「八　貸付金」に準じて評定する。なお、無利息等一般の貸付金と条件が異なる場合には、建設協力金に関する一般に公正妥当と認められる企業会計の基準に準拠して評定することができる。 4　差入保証金については、「八　貸付金」に準じて評定する。 5　ゴルフ会員権等については、会員権相場のあるゴルフ会員権等は、相場による価額により評定する。 　　会員権相場のないゴルフ会員権等は、入会金等に相当する部分は評定額は零とし、預託保証金に相当する部分は額面金額から貸倒見積額を控除した額により評定する。 6　貸倒見積額は預託先の信用状況、経営状況等を考慮して見積もる。 7　保険積立金については、評定時点において解約したと想定した場合の解約返戻金相当額により評定する。
十八　繰延資産	繰延資産については、原則として評定額は零とする。
十九　繰延税金資産及び繰延税金負債	繰延税金資産及び繰延税金負債については、原則として、繰延税金資産及び負債に関する一般に公正妥当と認められる企業会計の基準に準拠して評定する。この場合、事業再生計画の内容等に基づき回収可能性について特に慎重に判断する。なお、一時差異等の認識に当たっては、本評定基準による資産及び負債の評定額と課税所得計算上の資産及び負債の金額の差額を一時差異とみなすものとする。

二十　裏書譲渡手形及び割引手形	裏書譲渡手形及び割引手形については、割引手形買戻債務等を認識して負債計上し、見返勘定として回収見込額を手形遡及権として資産に計上する。又は、割引手形買戻債務等から回収見込額を控除した額を債務保証損失引当金として負債に計上する
二十一　貸倒引当金	1　個別引当の設定対象となった債権について、本基準に基づき別途評定が行われているときは、当該債権についての貸倒引当額を取り崩す。 2　一般引当の設定対象となった債権について、本基準に基づき別途評定が行われているときは、当該債権についての貸倒引当相当額を取り崩す。
二十二　退職給付引当金	1　退職給付に関する一般に公正妥当と認められる企業会計の基準に準拠して設定するが、未認識過去勤務債務及び未認識数理計算上の差異については評定時に認識して計上又は取り崩す。 2　退職が見込まれる従業員がある場合には支給予定額を計上する。 3　中小企業等で合理的に数理計算上の見積りを行うことが困難である場合は、退職給付に関する一般に公正妥当と認められる企業会計の基準に準拠して簡便な方法を用いることができる。
二十三　その他の引当金	1　引当金の設定対象となる資産及び負債について本基準に基づき評定が行われているときは、関連する引当金の額の見直しを行う。 2　関係会社の整理又は余剰人員の整理等事業再構築等に要する費用の見積額で、他の資産等の評定額に反映されていない額は事業再生計画に基づき「関係会社支援損失引当金」「事業再構築引当金」等の名称により引当金を計上する。
二十四　保証債務等	1　保証債務については、保証債務の総額を負債として計上し、同額の求償権を資産に計上し貸倒見積額を控除する。貸倒見積額は主債務者の返済可能額及び担保により保全される額等の求償権の回収見積額を控除した額とする。又は、保証債務の総額から求償権の回収見積額を控除した額を債務保証損失引当金として負債に計上する。 2　評定基準日後に保証を履行し、又は保証履行を請求されている保証債務が存在する場合にも、「1」と同様に評定する。 3　他の債務者の債務の担保として提供している資産がある場合等で、当該資産について担保権が実行される可能性が高い場合についても、保証債務に準じて評定する。
二十五　デリバティブ取引	1　市場価格又はこれに準じて合理的に算定された価額により評定する。 2　ヘッジ取引についてはヘッジ対象資産及び負債について本基準に基づき評定した場合には、ヘッジ手段であるデリバティブ取引についても本基準に基づき評定する。 3　複合金融商品を構成する個々の金融資産又は金融負債を一体として評定単位とすることが適当な場合には一体のものとして評定する。
二十六　のれん	法人格の継続を前提とした自らの事業に関するのれんについては、「十四　無形固定資産」ののれんに準じて、評定基準日において個別に明確に算定することができるものに限って評定することができ、それ以外の評定額は零とする。
二十七　その他	1　本基準に定めのない資産及び負債項目については、「二　評定の原則」に従って合理的な評定方法を採用するものとする。

| | 2　本基準に定めのないその他の合理的な評定方法がある場合には，その他の合理的な評定方法を用いることができるものとする。その場合には，その他の合理的な評定方法の内容及び採用した理由を明記するものとする。
3　「一　目的」に照らして，重要性に乏しいと判断した資産及び負債については，本基準と異なる簡便的な評定方法を用いることができるものとする。簡便的な評定方法を用いた場合には，重要性の基準値及び簡便的な評定方法の内容を明記するものとする。 |

（独立行政法人中小企業基盤整備機構ホームページより）

　資産評定では評価基準日を設定し，基準日に債務者企業が保有する全ての資産及び負債が評定の対象となっている。実務的には直近の決算日を評定基準日とし，決算書の貸借対照表を基に資産評定することになる。私的再生手続き中に決算日を迎えた場合は，新たな決算日を評定基準日として時点修正することが一般的である。

　法人税法では評価対象資産の具体的な範囲として，公表された準則の資産評定を準用する形となっているが，下記の資産については評価損益の計上に適しないものとして規定している（法法25③，法令24の2）。そのため，評価損益の計上に適しない資産について資産評定が行われている場合は，税務との乖離が生じるため注意が必要である。

評価益及び評価損の計上に適しない資産	
イ	再生計画認可の決定があったことに準ずる事実があった日の属する事業年度開始の日前5年以内に開始した各事業年度において，圧縮記帳の規定の適用を受けた減価償却資産
ロ	時価評価の対象となる短期売買商品等
ハ	売買目的有価証券又は償還有価証券
ニ	少額減価償却資産（使用可能期間が1年未満又は取得価額が10万円未満）
ホ	一括償却資産（取得価額が20万円未満）
ヘ	中小企業者等の少額減価償却資産の特例（取得価額が30万円未満）

　なお，債務者企業と完全支配関係がある他の内国法人が次のイからハに該

当する場合には，グループ法人税制が適用され，その株式又は出資について
は，評価損の損金算入が認められていない。

税務上の評価損が認められない株式の発行法人	
イ	清算中の法人
ロ	解散（合併による解散を除く）をすることが見込まれる法人
ハ	その法人との間に完全支配関係がある他の内国法人との間で適格合併を行うことが見込まれるもの

（3）　時価（資産評定による価額）

　会社更生法や民事再生法などの法的再生手続きにおいて資産評定する際の
時価は，処分するものとして評定することとされている。これは更生計画や
再生計画と破産に移行した場合の経済合理性を判断させるためと考えられて
いる。

　公表された準則の評価基準においても時価により評定するものとされてい
るが，この場合の時価とは債務者企業が事業を継続することを前提に，独立
した当事者間による競売又は清算による処分以外の取引において，資産の購
入又は売却を行う場合の価額とされている。なお，今後継続使用しない資産
については，処分価額により評定することができるとされている。

　法人税法において企業再生税制を適用する際の評価損益の計上基準となる
時価は，資産の評価単位（法規27の15）ごとに当該資産が使用収益される
ものとして，その時において譲渡される場合に付される価額（法基通4-1-3,
9-1-3）と定められている。そのため，公表された準則に定められた評価基
準と企業再生税制における時価は基本的に一致するものと考えられる。

資産の評価単位			
資産の区分			評価する単位
イ	金銭債権		一の債務者ごと
ロ	減価償却資産		
	i	建物	一棟ごと
			区分所有のある建物は区分所有ごと
	ii	機械及び装置	一の生産設備又は一台若しくは一基
			通常一組又は一式をもって取引単位とされるものは一組又は一式
	iii	その他	上記 i , ii に準じた区分
ハ	土地		一筆ごと
ニ	有価証券		その銘柄の異なるごと
ホ	暗号資産		その種類の異なるごと
ヘ	その他の資産		通常の取引単位を基準

（4） 評価損益の金額

　企業再生税制における資産の評価損益の金額は，再生計画認可の決定が
あったことに準ずる一定の事実が生じた時の直前の資産の帳簿価額と，公表
された準則の資産評定に基づく実態貸借対照表に計上されている資産の価額
との差額とされている。

　私的再生手続きにおける，再生計画認可の決定があったことに準ずる一定
の事実が生じた時とは，対象債権者全員の同意が得られた日と思われる。資
産評定を行う評価基準日（通常は直近の決算日）と再生計画書の同意日は異
なるため，再生計画書では予測貸借対照表を作成し，評価基準日の調整事項
のうち，時間の経過に伴い解消された内容を整理した上で，予測実態貸借対
照表の作成を行うことになる。

　減価償却資産について評価替えが行われた場合は，評価替えが行われた事

業年度は従来の償却限度額計算を行い，評価替えを行った翌事業年度から償却限度額計算の調整を行う必要がある（法令54⑥，48②，48の2②）

【償却限度額計算】

2007年3月31日以前に取得した減価償却資産		2007年4月1日以後に取得した減価償却資産	
旧定額法	【増額された場合】財産評定利益を加算した金額を取得価額とみなして償却限度額の計算を行う。	定額法	【増額された場合】財産評定利益を加算した金額を取得価額とみなして償却限度額の計算を行う。
	【減額された場合】取得価額の調整を行わず償却限度額の計算を行う。		【減額された場合】取得価額の調整を行わず償却限度額の計算を行う。
旧定率法	【増額された場合】財産評定利益を加算した金額を取得価額とみなして償却限度額の計算を行う。	定率法	【増額された場合】財産評定利益を加算した金額を取得価額とみなして償却限度額の計算を行う。
			償却保証額が増額される。
	【減額された場合】財産評定損失を過年度に損金とした減価償却累計額に加算した金額を帳簿価額として償却限度額の計算を行う。		【減額された場合】財産評定損失を過年度に損金とした減価償却累計額に加算した金額を帳簿価額として償却限度額の計算を行う。
			償却保証額は変わらない。

（5） 申告手続き

　本特例の適用を受けるためには，確定申告書（期限後申告書は含まれるが，修正申告書は含まれない）に所定の事項を記載し，公表された準則により手続きが進められたことを明らかにする書類と再生計画書のコピーを添付して申告する必要がある（法規8の6）。具体的には，法人税申告書別表14（1）「民事再生等評価替えによる資産の評価損益に関する明細書」に資産評定を行った資産の種類ごとに評定額と帳簿価額を記載する。

　公表された準則による資産評定基準と企業会計における評価基準が異なる

場合があるため，準則により算定された資産の評価損益を企業会計において
そのまま計上できないケースが想定される。この場合でも，企業再生税制で
は損金経理要件がないため，実務的には法人税申告書別表4で加算及び減算
処理を行うことで，資産の評価損益を益金及び損金に算入することになる。

　公表された準則により手続きが進められたことを明らかにする書類は，公
表された準則の中に確認書の様式が示されている。参考までに，中小企業再
生支援協議会が定める準則（中小企業再生支援スキーム）の確認書を併せて
掲げる。

民事再生等評価換えによる資産の評価損益に関する明細書

事業年度又は連結事業年度	X4・4・1 X5・3・13	法人名	株式会社○○○（　　　　　）

評定等を行うこととなった原因となる事実の種類	1		(1)の事実が生じた日	2	X4 ・ ○ ・ ○

評 価 益 の 額 及 び 評 価 損 の 額 の 明 細

評 価 益 の 計 上 さ れ る 資 産				評 価 損 の 計 上 さ れ る 資 産			
科　　　目 区　分　等		評定額等 ①	帳簿価額 ②	科　　　目 区　分　等		評定額等 ①	帳簿価額 ②
有価証券 株式会社△△	3	円 5,000,000	円 2,000,000	売掛金 株式会社×××	14	円 0	円 1,500,000
土地 C駐車場	4	30,000,000	10,000,000	棚卸資産 商品A	15	0	3,000,000
	5			建物 B倉庫	16	5,500,000	20,000,000
	6			土地 B倉庫	17	36,000,000	50,000,000
	7				18		
	8				19		
	9				20		
	10				21		
	11				22		
計	12	35,000,000	12,000,000	計	23	41,500,000	74,500,000
評 価 益 の 総 額 (12の①)－(12の②)	13	23,000,000		評 価 損 の 総 額 (23の②)－(23の①)	24	33,000,000	

債 務 免 除 等 を 受 け た 金 額 の 明 細

金 融 機 関 等 の 名 称	債務免除等を受けた金額	金 融 機 関 等 の 名 称	債務免除等を受けた金額
A　銀行	円 30,000,000		円
B　信用金庫	15,000,000		

（別紙様式3）

令和　　年　　月　　日

［債務者］
　住所
　名称
　代表者氏名　　　殿

(債務者名)再生計画検討委員会
　　委員長
　　　住所
　　　氏名（※記載例：弁護士　〇〇〇〇）　　　印
　　委員
　　　住所
　　　氏名　　　　　　　　　　　　　　　　　　印
　　　住所
　　　氏名　　　　　　　　　　　　　　　　　　印

「中小企業再生支援スキーム」の適用に関する確認書

　「中小企業再生支援スキーム」に従って作成された貴社の再生計画案について、以下の確認を行いました。

1．債務者
　　　住所
　　　名称
2．主要債権者
　　（※記載例：〇〇銀行〇〇支店）
3．確認事項
　　調査の結果、再生計画案に関して調査報告書のとおり特段の問題は認められませんでした。また、次の事項について確認を行いました。
　　① 「中小企業再生支援スキーム」に定められた手続きに従って策定された再生計画であること。
　　② 資産評定に基づいて実態貸借対照表が作成されていること。ただし、資産評定は公正な価額により行う。
　　③ 「中小企業再生支援スキーム」の別紙「実態貸借対照表作成に当たっての評価基準」に基づいて資産評定が行われていること。
　　④ ③の実態貸借対照表、再生計画における損益の見込み等に基づいて債務免除等をする金額が決定されていること。

○関連条文・通達等

法人税法第25条（資産の評価益の益金不算入等）

第1項　内国法人がその有する資産の評価換えをしてその帳簿価額を増額した場合には，その増額した部分の金額は，その内国法人の各事業年度の所得の金額の計算上，益金の額に算入しない。

第3項　内国法人について再生計画認可の決定があつたことその他これに準ずる政令で定める事実が生じた場合において，その内国法人がその有する資産の価額につき政令で定める評定を行っているときは，その資産（評価益の計上に適しないものとして政令で定めるものを除く。）の評価益の額として政令で定める金額は，第1項の規定にかかわらず，これらの事実が生じた日の属する事業年度の所得の金額の計算上，益金の額に算入する。

法人税法施行令第24条の2（再生計画認可の決定に準ずる事実等）

第1項　法第25条第3項（資産の評価益の益金不算入等）に規定する政令で定める事実は，内国法人について再生計画認可の決定があつたことに準ずる事実（その債務処理に関する計画が第1号から第3号まで及び第4号又は第5号に掲げる要件に該当するものに限る。）とする。

一　一般に公表された債務処理を行うための手続についての準則（公正かつ適正なものと認められるものであつて，次に掲げる事項が定められているもの（当該事項が当該準則と一体的に定められている場合を含む。）に限るものとし，特定の者（政府関係金融機関，株式会社地域経済活性化支援機構及び協定銀行を除く。）が専ら利用するためのものを除く。）に従つて策定されていること。

　　イ　債務者の有する資産及び負債の価額の評定（以下この項において「資産評定」という。）に関する事項（公正な価額による旨の定めがあるものに限る。）

　　ロ　当該計画が当該準則に従つて策定されたものであること並びに次号及び第3号に掲げる要件に該当することにつき確認をする手続並びに当該確認をする者（当該計画に係る当事者以外の者又は当該計画に従つて債務免除等をする者で，財務省令で定める者に限る。）に関する事項

二　債務者の有する資産及び負債につき前号イに規定する事項に従つて資産評定が行われ，当該資産評定による価額を基礎とした当該債務者の貸借対照表が作成さ

れていること。

三　前号の貸借対照表における資産及び負債の価額，当該計画における損益の見込み等に基づいて債務者に対して債務免除等をする金額が定められていること。

四　二以上の金融機関等（次に掲げる者をいい，当該計画に係る債務者に対する債権が投資事業有限責任組合契約等に係る組合財産である場合における当該投資事業有限責任組合契約等を締結している者を除く。）が債務免除等をすることが定められていること。

　　イ　預金保険法（昭和46年法律第34号）第2条第1項各号（定義）に掲げる金融機関（協定銀行を除く。）

　　ロ　農水産業協同組合貯金保険法（昭和48年法律第53号）第2条第1項（定義）に規定する農水産業協同組合

　　ハ　保険業法第2条第2項（定義）に規定する保険会社及び同条第7項に規定する外国保険会社等

　　ニ　株式会社日本政策投資銀行

　　ホ　信用保証協会

　　ヘ　地方公共団体（イからホまでに掲げる者のうちいずれかの者とともに債務免除等をするものに限る。）

五　政府関係金融機関，株式会社地域経済活性化支援機構又は協定銀行（これらのうち当該計画に係る債務者に対する債権が投資事業有限責任組合契約等に係る組合財産である場合における当該投資事業有限責任組合契約等を締結しているものを除く。）が有する債権その他財務省令で定める債権につき債務免除等をすることが定められていること。

第2項　前項において，次の各号に掲げる用語の意義は，当該各号に定めるところによる。

一　政府関係金融機関　株式会社日本政策金融公庫，株式会社国際協力銀行及び沖縄振興開発金融公庫をいう。

二　協定銀行　預金保険法附則第7条第1項第1号（協定銀行に係る業務の特例）に規定する協定銀行をいう。

三　債務免除等　債務の免除又は債権のその債務者に対する現物出資による移転（当該債務者においてその債務の消滅に係る利益の額が生ずることが見込まれる場合の当該現物出資による移転に限る。）をいう。

四　投資事業有限責任組合契約等　投資事業有限責任組合契約に関する法律第3条第1項（投資事業有限責任組合契約）に規定する投資事業有限責任組合契約及び有限責任事業組合契約に関する法律第3条第1項（有限責任事業組合契約）に規定する有限責任事業組合契約をいう。

第3項　法第25条第3項に規定する政令で定める評定は，次の各号に掲げる事実の区分に応じ当該各号に定める評定とする。

一　再生計画認可の決定があつたこと　内国法人がその有する法第25条第3項に規定する資産の価額につき当該再生計画認可の決定があつた時の価額により行う評定

二　法第25条第3項に規定する政令で定める事実　内国法人が第1項第1号イに規定する事項に従つて行う同項第2号の資産評定

第4項　法第25条第3項に規定する政令で定める資産は，次に掲げる資産とする。

一　再生計画認可の決定があつた日又は法第25条第3項に規定する政令で定める事実が生じた日の属する事業年度開始の日前5年以内に開始した各事業年度又は各連結事業年度（以下この号において「前5年内事業年度等」という。）において次に掲げる規定の適用を受けた減価償却資産（当該減価償却資産が適格合併，適格分割，適格現物出資又は適格現物分配により被合併法人，分割法人，現物出資法人又は現物分配法人（以下この号において「被合併法人等」という。）から移転を受けたものである場合には，当該被合併法人等の当該前5年内事業年度等において次に掲げる規定の適用を受けたものを含む。）

イ　法第42条第1項，第2項，第5項又は第6項（国庫補助金等で取得した固定資産等の圧縮額の損金算入）

ロ　法第44条第1項又は第4項（特別勘定を設けた場合の国庫補助金等で取得した固定資産等の圧縮額の損金算入）

ハ　法第45条第1項，第2項，第5項又は第6項（工事負担金で取得した固定資産等の圧縮額の損金算入）

ニ　法第46条第1項（非出資組合が賦課金で取得した固定資産等の圧縮額の損金算入）

ホ　法第47条第1項，第2項，第5項又は第6項（保険金等で取得した固定資産等の圧縮額の損金算入）

ヘ　法第49条第1項又は第4項（特別勘定を設けた場合の保険金等で取得した

固定資産等の圧縮額の損金算入）

　ト　法第 81 条の 3 第 1 項（個別益金額又は個別損金額）（イからへまでに掲げる
　　　規定により同項に規定する個別損金額を計算する場合に限る。）

　チ　租税特別措置法第 67 条の 4 第 1 項若しくは第 2 項（転廃業助成金等に係る
　　　課税の特例）（同条第 9 項において準用する場合を含む。）又は同条第 3 項（同
　　　条第 10 項において準用する場合を含む。）

　リ　租税特別措置法第 68 条の 102 第 1 項若しくは第 2 項（転廃業助成金等に係
　　　る課税の特例）（同条第 10 項において準用する場合を含む。）又は同条第 3 項
　　　（同条第 11 項において準用する場合を含む。）

二　法第 61 条第 2 項（短期売買商品等の譲渡損益及び時価評価損益）に規定する
　　短期売買商品等

三　法第 61 条の 3 第 1 項第 1 号（売買目的有価証券の評価益又は評価損の益金又
　　は損金算入等）に規定する売買目的有価証券

四　第 109 条の 14（償還有価証券の帳簿価額の調整）に規定する償還有価証券

五　第 133 条（少額の減価償却資産の取得価額の損金算入）又は第 133 条の 2 第 1
　　項（一括償却資産の損金算入）の規定の適用を受けた減価償却資産その他これに
　　類する減価償却資産

法人税法第 25 条（資産の評価益の益金不算入等）

第 5 項　第 3 項の規定は，確定申告書に同項に規定する評価益の額として政令で定め
　　る金額の益金算入に関する明細（次項において「評価益明細」という。）の記載があ
　　り，かつ，財務省令で定める書類（次項において「評価益関係書類」という。）の添
　　付がある場合（第 33 条第 4 項（資産の評価損の損金不算入等）に規定する資産に
　　つき同項に規定する評価損の額として政令で定める金額がある場合（次項において
　　「評価損がある場合」という。）には，同条第 7 項に規定する評価損明細（次項にお
　　いて「評価損明細」という。）の記載及び同条第 7 項に規定する評価損関係書類（次
　　項において「評価損関係書類」という。）の添付がある場合に限る。）に限り，適用
　　する。

法人税法施行規則第 8 条の 6（資産の評価益の益金算入に関する書類等）

第 1 項　令第 24 条の 2 第 1 項第 1 号ロ（再生計画認可の決定に準ずる事実等）に規

定する財務省令で定める者は，次に掲げる者とする。

一　令第24条の2第1項の債務処理に関する計画（以下この条において「再建計画」という。）に係る債務者である内国法人，その役員及び株主等（株主等となると見込まれる者を含む。）並びに債権者以外の者で，当該再建計画に係る債務処理について利害関係を有しないもののうち，債務処理に関する専門的な知識経験を有すると認められる者（当該者が3人以上（当該内国法人の借入金その他の債務で利子の支払の基因となるものの額が10億円に満たない場合には，2人以上）選任される場合（次号において「3人以上選任される場合」という。）の当該者に限る。）

二　再建計画に係る債務者である内国法人に対し株式会社地域経済活性化支援機構法（平成21年法律第63号）第24条第一項（支援基準）に規定する再生支援（当該再生支援に係る同法第25条第4項前段（再生支援決定）の再生支援をするかどうかの決定を同法第16条第1項（権限）の規定により同項の委員会が行うものに限る。以下この号において「再生支援」という。）をする株式会社地域経済活性化支援機構（当該再生支援につき同法第31条第1項（出資決定）に規定する債権買取り等をしない旨の決定が行われる場合には，当該再建計画に係る債務処理について利害関係を有しない者として株式会社地域経済活性化支援機構により選任される債務処理に関する専門的な知識経験を有すると認められる者（当該者が3人以上選任される場合の当該者に限る。）とする。）

三　再建計画に従つて令第24条の2第2項第3号に規定する債務免除等（信託の受託者として行う同号に規定する債務免除等を含む。）をする同項第2号に規定する協定銀行

第2項　令第24条の2第1項第5号に規定する財務省令で定める債権は，株式会社地域経済活性化支援機構が信託の受託者として有する債権又は同条第2項第2号に規定する協定銀行が信託の受託者として有する債権とする。

第3項　法第25条第5項に規定する財務省令で定める書類は，次の各号に掲げる事実の区分に応じ当該各号に定める書類とする。

一　内国法人について再生計画認可の決定があつたこと　当該決定があつた旨を証する書類及び令第24条の2第5項第1号に規定する価額の算定の根拠を明らかにする事項を記載した書類

二　法第25条第3項に規定する政令で定める事実　次に掲げる書類

イ　令第24条の2第1項第1号ロに規定する手続に従い同号ロに規定する財務
省令で定める者が同号ロに規定する確認をしたことを明らかにする書類

ロ　再建計画に係る計画書（令第24条の2第1項第2号の貸借対照表の添付並
びに同項第3号の債務免除等をする者の氏名又は名称，当該債務免除等をする
者ごとの当該債務免除等をする金額及び当該金額の算定の根拠を明らかにする
事項の記載があるものに限る。）の写し

法人税法第33条（資産の評価損の損金不算入等）

第1項　内国法人がその有する資産の評価換えをしてその帳簿価額を減額した場合に
は，その減額した部分の金額は，その内国法人の各事業年度の所得の金額の計算上，
損金の額に算入しない。

第4項　内国法人について再生計画認可の決定があつたことその他これに準ずる政令
で定める事実が生じた場合において，その内国法人がその有する資産の価額につき
政令で定める評定を行つているときは，その資産（評価損の計上に適しないものと
して政令で定めるものを除く。）の評価損の額として政令で定める金額は，第1項
の規定にかかわらず，これらの事実が生じた日の属する事業年度の所得の金額の計
算上，損金の額に算入する。

法人税法施行令第68条の2（再生計画認可の決定に準ずる事実等）

第1項　法第33条第4項（資産の評価損の損金不算入等）に規定する政令で定める
事実は，第24条の2第1項（再生計画認可の決定に準ずる事実等）に規定する事
実とする。

第2項　法第33条第4項に規定する政令で定める評定は，次の各号に掲げる事実の
区分に応じ当該各号に定める評定とする。

一　再生計画認可の決定があつたこと　内国法人がその有する法第33条第4項に
規定する資産の価額につき当該再生計画認可の決定があつた時の価額により行う
評定

二　法第33条第4項に規定する政令で定める事実　内国法人が第24条の2第1項
第1号イに規定する事項に従つて行う同項第2号の資産評定

第3項　法第33条第4項に規定する政令で定める資産は，第24条の2第4項各号に
掲げる資産とする。

第4項 法第33条第4項に規定する政令で定める金額は，次の各号に掲げる事実の区分に応じ当該各号に定める金額とする。

一　再生計画認可の決定があつたこと　法第33条第4項に規定する資産の当該再生計画認可の決定があつた時の直前の帳簿価額が当該再生計画認可の決定があつた時の価額を超える場合のその超える部分の金額

二　法第33条第4項に規定する政令で定める事実　同項に規定する資産の当該事実が生じた時の直前のその帳簿価額が第24条の2第1項第2号の貸借対照表に計上されている価額を超える場合のその超える部分の金額

第5項 法第33条第4項の規定の適用を受けた場合において，同項に規定する評価損の額として政令で定める金額を損金の額に算入された資産については，同項の規定の適用を受けた事業年度以後の各事業年度の所得の金額の計算上，当該資産の帳簿価額は，別段の定めがあるものを除き，当該適用に係る同項に規定する事実が生じた日において，当該損金の額に算入された金額に相当する金額の減額がされたものとする。

法人税法施行規則第22条の2（資産の評価損の損金算入に関する書類）

第2項 法第33条第4項に規定する政令で定める事実　第8条の6第3項第2号イ及びロ（資産の評価益の益金算入に関する書類等）に掲げる書類

法人税法施行規則第27条の15（特定資産に係る譲渡等損失額の損金不算入）

第1項 令第123条の8第3項第4号（特定資産に係る譲渡等損失額の損金不算入）（同条第14項，第17項及び第18項において準用する場合を含む。）に規定する財務省令で定める単位は，次の各号に掲げる資産の区分に応じ当該各号に定めるところにより区分した後の単位とする。

一　金銭債権　一の債務者ごとに区分するものとする。

二　減価償却資産　次に掲げる区分に応じそれぞれ次に定めるところによる。

イ　建物　1棟（建物の区分所有等に関する法律第1条（建物の区分所有）の規定に該当する建物にあつては，同法第2条第1項（定義）に規定する建物の部分）ごとに区分するものとする。

ロ　機械及び装置　一の生産設備又は1台若しくは1基（通常一組又は一式をもつて取引の単位とされるものにあつては，一組又は一式）ごとに区分するもの

とする。

　　ハ　その他の減価償却資産　イ又はロに準じて区分するものとする。

三　土地等（令第123条の8第3項第1号に規定する土地等をいう。以下この号において同じ。）　土地等を一筆（一体として事業の用に供される一団の土地等にあつては，その一団の土地等）ごとに区分するものとする。

四　有価証券　その銘柄の異なるごとに区分するものとする。

五　資金決済に関する法律第2条第5項（定義）に規定する暗号資産　その種類の異なるごとに区分するものとする。

六　その他の資産　通常の取引の単位を基準として区分するものとする。

法人税基本通達4-1-3（時価）

　法人の有する資産について法第25条第3項《資産評定による評価益の益金算入》の規定を適用する場合における令第24条の2第5項第1号《再生計画認可の決定等の事実が生じた場合の評価益の額》に規定する「当該再生計画認可の決定があった時の価額」は，当該資産が使用収益されるものとしてその時において譲渡される場合に通常付される価額による。

法人税基本通達9-1-3（時価）

　法第33条第2項《資産の評価換えによる評価損の損金算入》の規定を適用する場合における「評価換えをした日の属する事業年度終了の時における当該資産の価額」は，当該資産が使用収益されるものとしてその時において譲渡される場合に通常付される価額による。

法人税法施行令第48条（減価償却資産の償却の方法）

第5項　この条において，次の各号に掲げる用語の意義は，当該各号に定めるところによる。

　一　～　二　省略

　三　評価換え等　次に掲げるものをいう。

　　イ　法第25条第2項（資産の評価益の益金不算入等）に規定する評価換え及び法第33条第2項又は第3項（資産の評価損の損金不算入等）の規定の適用を受ける評価換え

ロ～ニ　省略

法人税法施行令第54条（減価償却資産の取得価額）

第6項　第1項各号に掲げる減価償却資産につき評価換え等（第48条第5項第3号に規定する評価換え等をいう。）が行われたことによりその帳簿価額が増額された場合には，当該評価換え等が行われた事業年度後の各事業年度（当該評価換え等が同条第五項第四号に規定する期中評価換え等である場合には，当該期中評価換え等が行われた事業年度以後の各事業年度）においては，当該各号に掲げる金額に当該帳簿価額が増額された金額を加算した金額に相当する金額をもつて当該資産の第1項の規定による取得価額とみなす。

法人税法施行令第48条（減価償却資産の償却の方法）

第1項　平成19年3月31日以前に取得をされた減価償却資産　　以下省略

第2項　前項第1号から第3号までに掲げる減価償却資産につき評価換え等が行われたことによりその帳簿価額が減額された場合には，当該評価換え等が行われた事業年度後の各事業年度（当該評価換え等が期中評価換え等である場合には，当該期中評価換え等が行われた事業年度以後の各事業年度）における当該資産に係る同項第1号イ（2）に規定する損金の額に算入された金額には，当該帳簿価額が減額された金額を含むものとする。

法人税法施行令第48条の2（減価償却資産の償却の方法）

第1項　平成19年4月1日以後に取得をされた減価償却資産　　以下省略

第2項　前項第1号から第3号までに掲げる減価償却資産につき評価換え等が行われたことによりその帳簿価額が減額された場合には，当該評価換え等が行われた事業年度後の各事業年度（当該評価換え等が期中評価換え等である場合には，当該期中評価換え等が行われた事業年度以後の各事業年度）における当該資産に係る同項第1号イ（2）に規定する損金の額に算入された金額には，当該帳簿価額が減額された金額を含むものとする。

4 期限切れ欠損金の損金算入の特例

（1） 制度の概要

　債務者企業が，債権者による債務免除や経営者等から私財提供を受けた場合には，再生手続きの中で行われたとしても債務者企業では受贈益等として所得金額に含める必要がある。過去 10 年以内に債務者企業に生じた欠損金（2019 年 3 月 31 日以前に開始する事業年度において生じた欠損金額については 9 年以内）は，青色欠損金として所得金額から控除することができるが，債務免除等を受けた金額が青色欠損金を超える場合には課税所得が生じてしまい，再生に支障をきたす恐れがある。そのため，下記の場合において債務者企業が債務免除や私財提供等を受けた場合に限り，欠損金の損金算入の特例として，税務上の欠損金のうち青色欠損金を超える部分の金額（以下，「期限切れ欠損金」という）を損金算入することができる（法法59）。なお，この特例は青色申告法人だけではなく，白色申告法人も適用することができる。

期限切れ欠損金の損金算入の特例が適用できる場合	
イ	会社更生法の規定による更生手続き開始の決定があった場合
ロ	民事再生法の規定による再生手続き開始の決定があった場合
ハ	会社法の特別清算開始の命令があった場合
ニ	破産法の規定による破産手続き開始の決定があった場合
ホ	再生計画認可の決定に準ずる事実等があった場合
ヘ	民事再生法，特別清算，破産以外において法律に定める手続きによる資産の整理があった場合
ト	主務官庁の指示に基づき再建整備のための一連の手続きを織り込んだ一定の計画を作成し，これに従って行う資産の整理があった場合
チ	上記ヘ及びト以外の資産の整理があった場合

公表された準則による私的再生手続きは表のホに該当する。また，債務の免除等が多数の債権者の協議により決定されるなど，その決定に恣意性がなく，かつ，その内容に合理性があると認められる資産の整理があった場合にも期限切れ欠損金を損金算入することができるとされている（法基通12-3-1）。事実認定によるところはあるが，公表された準則以外の手続きであっても期限切れ欠損金を損金算入することが可能である。

グループ会社の中に業績不振の会社があり，株主あるいは債権者の立場として，公表された準則や多数の債権者による協議により決定された債権放棄を行う場合は，グループ会社間であっても業績不振会社の期限切れ欠損金を損金算入することはできるが，これらの手続きによらず，単に債権放棄した場合は業績不振会社の期限切れ欠損金は使えず，また，債務免除した側の法人については寄附金となる可能性が高い（国税庁タックスアンサーNo.5280子会社等を整理・再建する場合の損失負担等に係る質疑応答事例等）。

（2）　期限切れ欠損金の損金算入限度額

債務者企業において前掲した場合には期限切れ欠損金を損金に算入することができるが，損金算入することができる限度額は以下のイからハまでの金額のうち最も少ない金額となっている。

期限切れ欠損金の損金算入限度額		
イ		債務免除等の利益の合計額（下記iからiiiの合計額）
	i	債務免除益，DESによる債務消滅益
	ii	役員等からの私財提供益（従業員や取引先からの私財提供は除く）
	iii	資産の評価益から資産の評価損を減算した金額
ロ		適用年度の欠損金から青色欠損金等を控除した金額
ハ		適用年度の欠損金控除前の所得金額

期限切れ欠損金を青色欠損金に優先して損金に算入するためには，資産評定による評価益と評価損を計上する必要がある。再生手続きを行っている企業においては，資産評定の結果，評価損が評価益を上回る場合が少なくないと思われる。そのため，評価益に対して評価損が多額に計上される場合には，債務免除等の利益の合計額を減少させる結果となり，期限切れ欠損金が使えないケースもあることに留意が必要である。

【期限切れ欠損金の損金算入限度額の計算例】

〈前提〉

青色欠損金額	20,000
期限切れ欠損金額	40,000
欠損金額合計	60,000　（前期以前から繰り越された欠損金の合計額）

	ケース1	ケース2	ケース3
経常損益	△5,000	△5,000	△5,000
債務免除益	45,000	45,000	45,000
私財提供益	500	500	500
税引前利益	40,500	40,500	40,500
資産評価損益	10,000	△10,000	△40,500
欠損金控除前所得金額	50,500	30,500	0
青色欠損金	△10,500		
期限切れ欠損金	△40,000	△30,500	0
課税所得	0	0	0
青色欠損金残高	9,500	20,000	20,000
期限切れ欠損金未使用額	0	9,500	40,000

〈期限切れ欠損金控除限度額の判定〉

		ケース1	ケース2	ケース3
①	債務免除等の合計額	55,500	35,500	5,000
②	期限切れ欠損金額	40,000	40,000	40,000
③	欠損金控除前所得金額	50,500	30,500	0
	上記のうち最も小さい金額	40,000	30,500	0

（3）　申告手続き

　公表された準則による私的再生手続きにおいて本特例の適用を受けるためには，確定申告書に所定の事項を記載し，公表された準則により手続きが進められたことを明らかにする書類や事業再生計画書，登記簿謄本等を添付し

て申告する必要がある（法規 26 の 6）。具体的には，法人税申告書別表 7（2）の「民事再生等評価替えが行われる場合の再生等欠損金の損金算入に関する明細」欄に債務免除等による利益の内訳を記載し，損金に算入する期限切れ欠損金を計算する（資産評定による評価損益を計上しない場合には法人税申告書別表 7（3）を添付する）。

更生欠損金の損金算入及び民事再生等評価換えが行われる場合の再生等欠損金の損金算入に関する明細書

| 事業年度 | X4・4・1
X5・3・31 | 法人名 | 株式会社〇〇〇 |

更 生 欠 損 金 の 損 金 算 入 に 関 す る 明 細

債務免除等による利益の内訳	債務の免除を受けた金額	1	（円）	適用年度終了の時における前期以前の事業年度又は連結事業年度から繰り越された欠損金額及び個別欠損金額	8	（円）
	私財提供を受けた金銭の額	2		当期控除額 ((7)と(8)のうち少ない金額)	9	
	私財提供を受けた金銭以外の資産の価額	3		欠損金額 (25の計)	10	
	資産の評価益の総額	4		差引欠損金額 (8)−(10)	11	
	資産の評価損の総額	5		欠損金額からないものとする金額 (9)−(11) （マイナスの場合は0）	12	
	純評価益の額 (4)−(5) （マイナスの場合は0）	6				
	計 (1)+(2)+(3)+(6)	7				

民事再生等評価換えが行われる場合の再生等欠損金の損金算入に関する明細

債務免除等による利益の内訳	債務の免除を受けた金額	13	45,000,000（円）	適用年度終了の時における前期以前の事業年度又は連結事業年度から繰り越された欠損金額及び個別欠損金額	19	60,000,000（円）
	私財提供を受けた金銭の額	14	500,000	所得金額差引計 （別表四「39の①」）	20	30,500,000
	私財提供を受けた金銭以外の資産の価額	15	0	当期控除額 ((18)、(19)と(20)のうち少ない金額)	21	30,500,000
	資産の評価益の総額 （別表十四(一)「13」）	16	23,000,000	欠損金額 (25の計)	22	20,000,000
	資産の評価損の総額 （別表十四(一)「24」）	17	33,000,000	差引欠損金額 (19)−(22)	23	40,000,000
	計 (13)+(14)+(15)+(16)−(17)	18	35,500,000	欠損金額からないものとする金額 (21)−(23) （マイナスの場合は0）	24	0

控 除 未 済 欠 損 金 額 の 調 整

発生事業年度	調整前の控除未済欠損金額	欠損金額からないものとする金額 当該発生事業年度の(25)と(((12)又は(24))−当該発生事業年度前の(26)の合計額)のうち少ない金額	差引控除未済欠損金額 (25)−(26)
	25	26	27
・　・	（円）	（円）	（円）
・　・			
・　・			
・　・			
・　・			
・　・			
・　・			
・　・			
・　・			
計			

（4） 中小法人等以外の法人の青色欠損金控除限度額の特例

　青色申告法人において，各事業年度開始の日前 10 年以内に開始した事業年度に生じた欠損金がある場合には，欠損金の控除限度額までしか損金算入することができない。資本金の額が 1 億円以下の中小法人等については，特例により欠損金控除前の所得金額（以下「控除前所得金額」という）の全額を控除することができるが，中小法人等以外の法人については 2018 年 4 月 1 日以後開始事業年度から，青色欠損金控除限度額は控除前所得金額の 50％相当額とされている。

　中小法人等以外の法人が事業再生に取り組んでいるにもかかわらず，青色欠損金の控除限度額が控除前所得金額の 50％に制限されてしまうと，債務免除益課税等が発生して円滑な事業再生に支障が生じる恐れがあることから，再建中の法人の特例として一定期間内に限り青色欠損金の控除限度額が 100％とされている（法法 57 ⑪二）。

再建中の中小法人等以外の法人における青色欠損金の控除限度額の特例	
事実の区分	特例対象期間
イ 会社更生法による更生手続開始の決定があったこと	更生手続き開始決定の日から当該更生手続き開始決定に係る更生計画認可決定の日以後7年を経過する日までの期間内の日の属する事業年度
ロ 民事再生法による再生手続開始の決定があったこと	再生手続き開始決定の日から当該再生手続き開始決定に係る再生計画認可決定の日以後7年を経過する日までの期間内の日の属する事業年度
ハ 一定の事実（上記ロを除く）	再生手続き開始決定に準ずる事実等が生じた日から同日の翌日以後7年を経過する日までの期間内の日の属する事業年度
ニ 債権者集会の協議決定で合理的な基準により債務者の負債整理を定めているもの	左記の事実が生じた日から同日の翌日以後7年を経過する日までの期間内の日の属する事業年度
ホ 行政機関，金融機関その他第三者の斡旋による当事者間の協議によるもので上記ニに準ずる内容の契約の締結	左記の事実が生じた日から同日の翌日以後7年を経過する日までの期間内の日の属する事業年度

　また，特例対象期間中であっても事業の再生が図られたと認められる一定の事由が生じた場合には，その事由が生じた日以後に終了する事業年度は特例が認められず，原則に戻ることになる。

再生が図られたと認めれれる一定の事由
イ その法人の発行する株式が金融商品取引所等に上場されたこと
ロ その法人の発行する株式が店頭売買有価証券登録原簿に登録されたこと
ハ その法人の再建計画で定められた弁済期間が満了したこと
ニ その法人の再建計画前の全債権が債務免除や弁済，その他の事由により消滅したこと

　なお，会社更生手続きと民事再生手続きについては，上記のほかに特例対象期間中にその手続きを取り消す決定や手続き廃止の決定がされるなど，その手続きが終了した場合にはその事実が生じた日までとされている。

○関連条文・通達等

法人税法第 59 条（会社更生等による債務免除等があつた場合の欠損金の損金算入）

第 2 項　内国法人について再生手続開始の決定があつたことその他これに準ずる政令で定める事実が生じた場合において，その内国法人が次の各号に掲げる場合に該当するときは，その該当することとなつた日の属する事業年度（第 3 号に掲げる場合に該当する場合には，その該当することとなつた事業年度。以下この項において「適用年度」という。）前の各事業年度において生じた欠損金額（連結事業年度において生じた第 81 条の 18 第 1 項に規定する個別欠損金額（当該連結事業年度に連結欠損金額が生じた場合には，当該連結欠損金額のうち当該内国法人に帰せれる金額を加算した金額）を含む。）で政令で定めるものに相当する金額のうち当該各号に定める金額の合計額（当該合計額がこの項及び第 62 条の 5 第 5 項（現物分配による資産の譲渡）（第 3 号に掲げる場合に該当する場合には，第 57 条第 1 項（青色申告書を提出した事業年度の欠損金の繰越し）及び前条第 1 項，この項並びに第 62 条の 5 第 5 項）の規定を適用しないものとして計算した場合における当該適用年度の所得の金額を超える場合には，その超える部分の金額を控除した金額）に達するまでの金額は，当該適用年度の所得の金額の計算上，損金の額に算入する。

一　これらの事実の生じた時においてその内国法人に対し政令で定める債権を有する者（当該内国法人との間に連結完全支配関係がある連結法人を除く。）から当該債権につき債務の免除を受けた場合（当該債権が債務の免除以外の事由により消滅した場合でその消滅した債務に係る利益の額が生ずるときを含む。）　その債務の免除を受けた金額（当該利益の額を含む。）

二　これらの事実が生じたことに伴いその内国法人の役員等から金銭その他の資産の贈与を受けた場合　その贈与を受けた金銭の額及び金銭以外の資産の価額

三　第 25 条第 3 項又は第 33 条第 4 項の規定の適用を受ける場合　第 25 条第 3 項の規定により当該適用年度の所得の金額の計算上益金の額に算入される金額から第 33 条第 4 項の規定により当該適用年度の所得の金額の計算上損金の額に算入される金額を減算した金額

法人税法施行令第 117 条（再生手続開始の決定に準ずる事実等）

　法第 59 条第 2 項（会社更生等による債務免除等があつた場合の欠損金の損金算入）

に規定する政令で定める事実は，次の各号に掲げる事実とし，同項第1号に規定する政令で定める債権は，それぞれ当該各号に定める債権とする。

　　一　～　三　省略

　　四　第24条の2第1項（再生計画認可の決定に準ずる事実等）に規定する事実　当該事実の発生前の原因に基づいて生じた債権

　　五　前各号に掲げる事実に準ずる事実（更生手続開始の決定があつたことを除く。）　当該事実の発生前の原因に基づいて生じた債権

法人税基本通達12-3-1（再生手続開始の決定に準ずる事実等）

　令第117条第5号《再生手続開始の決定に準ずる事実等》に規定する「前各号に掲げる事実に準ずる事実」とは，次に掲げる事実をいう。

（1）　同条第1号から第4号までに掲げる事実以外において法律の定める手続による資産の整理があったこと。

（2）　主務官庁の指示に基づき再建整備のための一連の手続を織り込んだ一定の計画を作成し，これに従って行う資産の整理があったこと。

（3）　（1）及び（2）以外の資産の整理で，例えば，親子会社間において親会社が子会社に対して有する債権を単に免除するというようなものでなく，債務の免除等が多数の債権者によって協議の上決められる等その決定について恣意性がなく，かつ，その内容に合理性があると認められる資産の整理があったこと。

法人税法施行規則第26条の6（会社更生等により債務の免除を受けた金額等の明細等に関する書類）

　法第59条第4項（会社更生等による債務免除等があつた場合の欠損金の損金算入）に規定する財務省令で定める書類は，次の各号に掲げる場合の区分に応じ当該各号に定める書類とする。

　　一　省略

　　二　法第59条第2項各号に掲げる場合に該当する場合　次に掲げる書類

　　　イ　令第117条各号（再生手続開始の決定に準ずる事実等）に掲げる事実が生じたことを証する書類

　　　ロ　次に掲げる事項を記載した書類

　　　　（1）　当該内国法人が債務の免除を受けた金額（当該内国法人に対する債権

が債務の免除以外の事由により消滅した場合でその消滅した債務に係る利益の額が生ずるときの当該利益の額を含む。）並びにその贈与を受けた金銭の額及び金銭以外の資産の価額の明細

(2) （1）に規定する免除を受けた債務（（1）に規定する消滅した債務を含む。）に係る債権が令第117条各号に定める債権であることの明細

(3) その債務の免除を行った者（（1）に規定する消滅した債務に係る債権を法第59条第2項第1号に規定する時において有していた者を含む。）又は贈与を行った者の氏名又は名称及び住所若しくは居所又は本店若しくは主たる事務所の所在地

(4) （3）に規定する贈与を行った者が当該内国法人　の役員等であることの明細

(5) その他参考となるべき事項

三　省略

法人税法第57条（青色申告書を提出した事業年度の欠損金の繰越し）

第1項　内国法人の各事業年度開始の日前十年以内に開始した事業年度において生じた欠損金額（この項の規定により当該各事業年度前の事業年度の所得の金額の計算上損金の額に算入されたもの及び第80条（欠損金の繰戻しによる還付）の規定により還付を受けるべき金額の計算の基礎となつたものを除く。）がある場合には，当該欠損金額に相当する金額は，当該各事業年度の所得の金額の計算上，損金の額に算入する。ただし，当該欠損金額に相当する金額が当該欠損金額につき本文の規定を適用せず，かつ，第59条第2項（会社更生等による債務免除等があつた場合の欠損金の損金算入）（同項第3号に掲げる場合に該当する場合を除く。），同条第3項及び第62条の5第5項（現物分配による資産の譲渡）の規定を適用しないものとして計算した場合における当該各事業年度の所得の金額の100分の50に相当する金額（当該欠損金額の生じた事業年度前の事業年度において生じた欠損金額に相当する金額で本文又は第58条第1項（青色申告書を提出しなかつた事業年度の災害による損失金の繰越し）の規定により当該各事業年度の所得の金額の計算上損金の額に算入されるものがある場合には，当該損金の額に算入される金額を控除した金額）を超える場合は，その超える部分の金額については，この限りでない。

法人税法第 57 条（青色申告書を提出した事業年度の欠損金の繰越し）

第 11 項第 2 号　第 1 項の各事業年度が内国法人について生じた次に掲げる事実の区分に応じそれぞれ次に定める事業年度である場合における当該内国法人（当該各事業年度終了の時において中小法人等に該当するものを除く。）当該各事業年度（当該事実が生じた日以後に当該内国法人の発行する株式が金融商品取引法第 2 条第 16 項（定義）に規定する金融商品取引所に上場されたことその他の当該内国法人の事業の再生が図られたと認められる事由として政令で定める事由のいずれかが生じた場合には，その上場された日その他の当該事由が生じた日として政令で定める日のうち最も早い日以後に終了する事業年度を除く。）

イ　更生手続開始の決定があつたこと　以下省略

ロ　再生手続開始の決定があつたこと　以下省略

ハ　第 59 条第 2 項に規定する政令で定める事実（ロに掲げるものを除く。）　当該事実が生じた日から同日の翌日以後 7 年を経過する日までの期間内の日の属する事業年度

ニ　イからハまでに掲げる事実に準ずるものとして政令で定める事実　当該事実が生じた日から同日の翌日以後七年を経過する日までの期間内の日の属する事業年度

2 | 債権者に係る税務

1 法人事業者の税務

　法人事業者の有する金銭債権について貸倒れが生じた場合には，会計上は貸倒損失が計上されるが，貸倒れが生じているかどうかの判断は曖昧な部分もあるため，税務では貸倒損失として認められる状況，その対象となる金額，損金となる時期について法人税基本通達にその考え方が示されている（法基通9-6-1〜9-6-3）。

　また，法人が金銭その他の資産又は経済的な利益の贈与又は無償の供与をした場合は，法人税法上，寄附金となり，損金算入限度額の範囲内でしか損金とはならないが，債務者企業を再建させるために一定の要件の下で行った支援よる損失は寄附金とは取り扱わず，支援損として損金となることが示されている（法基通9-4-2）。貸倒損失と支援損はいずれも税務上の損金となるが，その根拠となる通達や求められる手続き等が異なるため，その違いを理解する必要がある。

（1）　法律上の貸倒れ（法基通 9-6-1）

　取引先等が法的再生手続きを行い，更生計画又は再生計画の認可決定により切り捨てられることとなった金額は，金銭債権の資産価値が法律上消滅することになるため，法人事業者が貸倒損失として損金経理をしたか否かにかかわらず，税務上はその事実の発生した日を含む事業年度に損金処理するこ

とが強制されている。

　また，関係者の協議による私的再生手続きの場合においても，下記のいずれかによる場合には，法的再生手続きと同様に切り捨てられることとなった部分の金額を，その事実の発生した日を含む事業年度に損金処理することが強制されている。

① 　債権者集会の協議決定で合理的な基準により債務者の負債整理を定めているもの

② 　行政機関又は金融機関その他の第三者のあっせんによる当事者間の協議により締結された契約でその内容が上記①に準ずるもの

　私的再生手続きは，全債権者を対象とせずに特定の債権者に限定するなど，法的再生手続きに比べ対象債権者の合意が得られる範囲内で柔軟性がある一方，進め方や決定内容に恣意性が入りやすいため，関係者の協議により切り捨て額が決定された場合であっても，その協議内容が合理的な基準に沿ったものではない場合には，債務者企業に対する寄附金と認定されてしまう可能性がある。

　合理的な基準について通達等で示されていないものの，一般的には金融機関や取引先など利害関係が対立する第三者間で債務者企業との関係性や債権の発生原因，債権額の多寡などを総合的に協議した上で合意されたものであれば，切捨て額などが全債権者で同一条件でなかったとしても合理的な基準として認められる可能性はあると思われる（法人税基本通達逐条解説9-6-1参照）。

（2）　事実上の貸倒れ（法基通9-6-2）

　法律上は金銭債権の資産価値は消滅していないものの，債務者企業の資産状況や支払能力等を事業者が評価し，債権額全額が事実上回収不能である場

合に，その明らかになった事業年度において貸倒損失として損金経理することができる。この通達を適用する場合，担保物の処分や保証人への保証履行請求など回収努力をした後でなければ損金とすることができない。

また，任意の時期に損金とすることはできないため，損金経理した時期や回収不能と判断した根拠を税務当局へ説明きでるように債務者企業から決算書などの財務情報を継続的に収集し，毎期判定を行う必要がある。

（3） 形式上の貸倒れ（法基通 9-6-3）

継続的な取引関係のある債務者企業に対する売掛金や未収請負金などの売掛債権について，債務者企業との取引停止や最後に入金があった日以後 1 年以上経過した場合には，備忘価格（通常は 1 円）を控除した金額を損金経理することにより税務上も損金として認められる。

この通達は継続取引により発生した売掛債権を対象としているため，金銭消費貸借契約による貸付金などには適用することできない。そのため，長期間回収が滞っている売掛債権を分割回収するために金銭消費貸借契約を締結し，貸付金に変更した場合は適用できなくなるため注意が必要である。

（4） 支援損（法基通 9-4-2）

内国法人が他の内国法人に対して金銭その他の資産による寄付や経済的な利益の贈与又は無償の供与をした場合には，寄附金の損金算入限度額の計算を行い，限度額を超過する部分は損金とはならない。そのため，取引先等を支援する目的で売掛債権や貸付金等の金銭債権を免除した場合であっても経済的利益を供与したことになるため，税務上は寄附金となる。

【寄附金の損金算入限度額】

$$寄附金の損金算入限度額＝(A＋B)×25\%$$

$$A＝期末資本金等の額×\frac{当期の月数}{12}×0.25\%$$

$$B＝寄附金を支出する前の所得金額×2.5\%$$

　債務者企業を再建させるために合理的な理由により経済的支援を行った場合は，税務上も正常な取引条件に従って行われたものとして損金とすることができる。債務者企業の倒産を防止するために再建支援として行われる債権放棄等についても，合理的な再建計画に基づくものであれば寄附金とはならず支援損として損金にすることができる。

　合理的な再建計画かどうかの判断については，個々の事例に応じて総合的に判断することとされている。具体的には，国税庁の質疑応答事例「法人税　子会社等を再建する場合の損失負担等」や，タックスアンサー「No.5280　子会社等を整理・再建する場合の損失負担等に係る質疑応答事例等」に詳細が示されている。

①　子会社等の範囲

　子会社等には資本関係だけではなく，取引関係，人的関係，資金関係等において事業関連性を有するものが含まれている。そのため，金融機関にとって融資先は子会社等に該当することとなる。

②　子会社等は経営危機に陥っているか

　子会社等が経営危機に陥っている場合とは子会社等が債務超過状態であり，資金繰りが逼迫しており，自力再建ができない場合とされている。債務超過かどうかの判断は決算書上の数値ではなく資産の含み損等を反映した実態で判断することとなる。子会社等が債務超過であったとしても，資金繰りが逼迫した状況ではない，あるいは自力再建が可能な場合には，その支援は経済

合理性がなく寄附金に該当する可能性がある。一方，許認可のために財務改善が必要な場合や大口取引先の倒産により経常的な損失が見込まれ，将来的に経営危機に陥ることが明らかな場合などは，合理的な再建計画に基づく支援であれば経済合理性を有するとも考えられる。

③ 支援者にとって損失負担等を行う相当な理由

債務者企業が経営破綻した場合の回収可能額に比べ，金融支援することによる回収可能額が大きい場合は経済合理性があると考えられる。私的再生手続きにおいては，再生計画書の中で破産手続きによる回収可能見込み額との比較を示し，私的再生手続きの方が経済合理性があることを債権者等に理解してもらう必要がある。

④ 損失負担（支援）額の合理性

支援損として認められる額は債務者企業が再建するための必要最低額とされており，債権放棄等により課税所得が発生する場合は過剰支援として寄附金課税の対象とされてしまう。また，必要最低額の算定に当たっては不採算事業からの撤退や非事業用資産の処分，あるいは業務改善等による収益力の向上を図るなど自助努力を加味する必要がある。中小企業再生支援スキームを例にすると，再生計画の数値基準の1つに，再生計画成立後最初に到来する事業年度開始の日から概ね5年以内を目処に実質的な債務超過を解消することというものがある。

⑤ 再建管理等の有無

債権者に対して金融支援だけではなく，再建に向けた実行支援も求められている。タックスアンサーでは，事例として支援者から役員を派遣することや子会社等から定期的に再建状況を報告させる方法が示されているが，債務者企業が中小企業の場合は経営者が継続して事業に携わる場合も多いため，定期的にモニタリング会議を開催し，再生計画の進捗状況の確認や財務内容

の計画対比などが行われている。

⑥ 支援者の範囲の相当性

　株主や取引先，金融機関等，関係者が複数いる場合は，公平性の観点から関係性に応じた支援をすることが理想的である。しかし，私的再生手続きの場合は，事業の継続性を確実にするため，資本関係のある法人や金融機関など特定の債権者に金融支援を依頼し，取引先等へは支援を求めないことが多い。支援者の範囲は事業関連性の強弱，支援規模，支援能力等の個別事情から当事者間の合意により決められるものであるため，関係者全員が支援しないからといって不相当とはしていない。

　また，親会社と子会社との事業関連性がより強く，他の関係者に支援を求めることができない場合は，親会社1社による支援も相当性があるとされている。しかし支援者の範囲を限定することにより債務者企業の再建に必要な金融支援額が確保できない場合も想定される。その場合，支援者に過度な負担を強いることになるため，支援者の範囲を限定する場合には慎重に検討する必要がある。

⑦ 損失負担（支援）割合の合理性

　複数の支援者による損失負担（支援）割合は，公平性の観点から一律が理想的であるが，当事者間での協議の結果，一律でない場合も想定される。そのため，支援者ごとの損失負担（支援）額の配分が，出資状況，経営参加状況，融資状況，債務者企業と支援者との個々の事業関連性の強弱や支配能力から見て合理的に決定されているか否かが重要となる。国税庁のタックスアンサーでは融資残高比率に応じた割合（プロラタ方式）による場合など複数の事例が示されているが，私的再生手続きで債権放棄等を行う場合は，融資残高から保全額を差し引いた非保全残高比率（非保全プロラタ方式）によることが多いと思われる。

国税庁の質疑応答事例やタックスアンサーに支援損として損金となる要件等が示されているものの，私的再生手続きは当事者間の協議により柔軟な対応ができるために，合理的な再建計画かどうか判断する中立的な第三者機関が必要とされている。

　平成17年度の企業再生税制の改正前後に文書回答事例として，中小企業再生支援スキームや事業再生ADRなど債務者企業と債権者の両者と利害関係のない第三者が関与する私的再生手続きにより行われる債権放棄等は，法人税基本通達9–4–2の要件を満たしているため支援損として損金となる旨が示されている。そのため，私的再生手続きにより債権放棄等を行う場合は，中小企業再生支援協議会による中小企業再生支援スキームや事業再生ADRなどを活用することが一般的となっている。

○関連条文・通達等

法人税基本通達9-6-1（金銭債権の全部又は一部の切捨てをした場合の貸倒れ）

　法人の有する金銭債権について次に掲げる事実が発生した場合には，その金銭債権の額のうち次に掲げる金額は，その事実の発生した日の属する事業年度において貸倒れとして損金の額に算入する。

（1）　更生計画認可の決定又は再生計画認可の決定があった場合において，これらの決定により切り捨てられることとなった部分の金額

（2）　特別清算に係る協定の認可の決定があった場合において，この決定により切り捨てられることとなった部分の金額

（3）　法令の規定による整理手続によらない関係者の協議決定で次に掲げるものにより切り捨てられることとなった部分の金額

　　イ　債権者集会の協議決定で合理的な基準により債務者の負債整理を定めているもの

　　ロ　行政機関又は金融機関その他の第三者のあっせんによる当事者間の協議により締結された契約でその内容がイに準ずるもの

（4）　債務者の債務超過の状態が相当期間継続し，その金銭債権の弁済を受けるこ

とができないと認められる場合において，その債務者に対し書面により明らかにされた債務免除額

法人税基本通達 9-6-2 （回収不能の金銭債権の貸倒れ）

　法人の有する金銭債権につき，その債務者の資産状況，支払能力等からみてその全額が回収できないことが明らかになった場合には，その明らかになった事業年度において貸倒れとして損金経理をすることができる。この場合において，当該金銭債権について担保物があるときは，その担保物を処分した後でなければ貸倒れとして損金経理をすることはできないものとする。

　（注）　保証債務は，現実にこれを履行した後でなければ貸倒れの対象にすることはできないことに留意する。

法人税基本通達 9-6-3 （一定期間取引停止後弁済がない場合等の貸倒れ）

　債務者について次に掲げる事実が発生した場合には，その債務者に対して有する売掛債権（売掛金，未収請負金その他これらに準ずる債権をいい，貸付金その他これに準ずる債権を含まない。以下 9-6-3 において同じ。）について法人が当該売掛債権の額から備忘価額を控除した残額を貸倒れとして損金経理をしたときは，これを認める。

　（1）　債務者との取引を停止した時（最後の弁済期又は最後の弁済の時が当該停止をした時以後である場合には，これらのうち最も遅い時）以後1年以上経過した場合（当該売掛債権について担保物のある場合を除く。）

　（2）　法人が同一地域の債務者について有する当該売掛債権の総額がその取立てのために要する旅費その他の費用に満たない場合において，当該債務者に対し支払を督促したにもかかわらず弁済がないとき

　（注）　（1）の取引の停止は，継続的な取引を行っていた債務者につきその資産状況，支払能力等が悪化したためその後の取引を停止するに至った場合をいうのであるから，例えば不動産取引のようにたまたま取引を行った債務者に対して有する当該取引に係る売掛債権については，この取扱いの適用はない。

法人税基本通達 9-4-2 （子会社等を再建する場合の無利息貸付け等）

　法人がその子会社等に対して金銭の無償若しくは通常の利率よりも低い利率での貸付け又は債権放棄等（以下 9-4-2 において「無利息貸付け等」という。）をした場合

において，その無利息貸付け等が例えば業績不振の子会社等の倒産を防止するために
やむを得ず行われるもので合理的な再建計画に基づくものである等その無利息貸付け
等をしたことについて相当な理由があると認められるときは，その無利息貸付け等に
より供与する経済的利益の額は，寄附金の額に該当しないものとする。
　（注）　合理的な再建計画かどうかについては，支援額の合理性，支援者による再建
　　　　管理の有無，支援者の範囲の相当性及び支援割合の合理性等について，個々の
　　　　事例に応じ，総合的に判断するのであるが，例えば，利害の対立する複数の支
　　　　援者の合意により策定されたものと認められる再建計画は，原則として，合理
　　　　的なものと取り扱う。

2　完全支配関係のある法人事業者の税務

　資本関係のあるグループ法人に対する寄附金は，グループ法人以外の法人
に対する寄附金と同様に損金算入限度額の計算を行い，限度額を超過する部
分は損金不算入となる。また，受贈側では全額益金となる。ただし，完全支
配関係のある内国法人間の寄附金については，資本に関係する取引等に係る
税制（グループ法人課税）の適用により，支出側では全額損金不算入となり
受贈側では全額益金不算入となる。

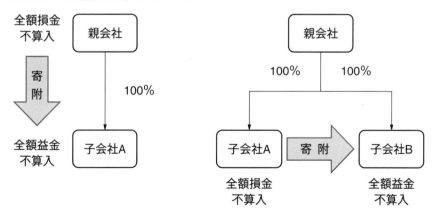

完全支配関係がある子会社の再建のために親会社が債権放棄等を行った場合，グループ法人課税の適用により，全額損金不算入あるいは全額益金不算入となると，子会社の再建に支障をきたすことになる。そのため，金融支援が法人税基本通達 9-4-2 に示す合理的な再建計画により行われる場合には，グループ法人課税は適用されず，金融支援を行った親会社では支援損として全額損金となり，子会社では全額益金に算入することとされている。

3　個人事業者の税務

　居住者の営む不動産所得・事業所得又は山林所得を生ずべき事業により発生した売掛金や貸付金等の債権について貸倒れなどの損失が発生した場合は，不動産所得，事業所得又は山林所得の各種所得の金額の計算上，必要経費に算入することとされている。貸倒れの判定については客観的に貸倒れが認識できる事実が必要となるが，その判定基準は法人事業者と同様である（所基通 51-10〜51-13）。

○関連条文・通達等

所得税法第 51 条（資産損失の必要経費算入）

第 2 項　居住者の営む不動産所得，事業所得又は山林所得を生ずべき事業について，その事業の遂行上生じた売掛金，貸付金，前渡金その他これらに準ずる債権の貸倒れその他政令で定める事由により生じた損失の金額は，その者のその損失の生じた日の属する年分の不動産所得の金額，事業所得の金額又は山林所得の金額の計算上，必要経費に算入する。

所得税基本通達 51-10（事業の遂行上生じた売掛金，貸付金等に準ずる債権）

　法第 51 条第 2 項に規定する「事業の遂行上生じた売掛金，貸付金，前渡金その他これらに準ずる債権」（以下 51-12 までにおいて「貸金等」という。）には，販売業者

の売掛金，金融業者の貸付金及びその未収利子，製造業者の下請業者に対して有する前渡金，工事請負業者の工事未収金，自由職業者の役務の提供の対価に係る未収金，不動産貸付業者の未収賃貸料，山林経営業者の山林売却代金の未収金等のほか，次に掲げるようなものも含まれる。

(1) 自己の事業の用に供する資金の融資を受ける手段として他から受取手形を取得し，その見合いとして借入金を計上し，又は支払手形を振り出している場合のその受取手形に係る債権

(2) 自己の製品の販売強化，企業合理化等のため，特約店，下請先等に貸し付けている貸付金

(3) 事業上の取引のため，又は事業の用に供する建物等の賃借りのために差し入れた保証金，敷金，預け金等の債権

(4) 使用人に対する貸付金又は前払給料，概算払旅費等

所得税基本通達 51-11（貸金等の全部又は一部の切捨てをした場合の貸倒れ）

貸金等について次に掲げる事実が発生した場合には，その貸金等の額のうちそれぞれ次に掲げる金額は，その事実の発生した日の属する年分の当該貸金等に係る事業の所得の金額の計算上必要経費に算入する。

(1) 更生計画認可の決定又は再生計画認可の決定があったこと。

これらの決定により切り捨てられることとなった部分の金額

(2) 特別清算に係る協定の認可の決定があったこと。

この決定により切り捨てられることとなった部分の金額

(3) 法令の規定による整理手続によらない関係者の協議決定で，次に掲げるものにより切り捨てられたこと。

その切り捨てられることとなった部分の金額

イ 債権者集会の協議決定で合理的な基準により債務者の負債整理を定めているもの

ロ 行政機関又は金融機関その他の第三者のあっせんによる当事者間の協議により締結された契約でその内容がイに準ずるもの

(4) 債務者の債務超過の状態が相当期間継続し，その貸金等の弁済を受けることができないと認められる場合において，その債務者に対し債務免除額を書面により通知したこと。

その通知した債務免除額

所得税基本通達 51-12（回収不能の貸金等の貸倒れ）

　貸金等につき，その債務者の資産状況，支払能力等からみてその全額が回収できないことが明らかになった場合には，当該債務者に対して有する貸金等の全額について貸倒れになったものとしてその明らかになった日の属する年分の当該貸金等に係る事業の所得の金額の計算上必要経費に算入する。この場合において，当該貸金等について担保物があるときは，その担保物を処分した後でなければ貸倒れとすることはできない。

　（注）　保証債務は，現実にこれを履行した後でなければ貸倒れの対象にすることはできないことに留意する。

所得税基本通達 51-13（一定期間取引停止後弁済がない場合等の貸倒れ）

　債務者について次に掲げる事実が発生した場合には，その債務者に対して有する売掛債権（売掛金，未収請負金その他これらに準ずる債権をいい，貸付金その他これに準ずる債権を含まない。以下この項において同じ。）の額から備忘価額を控除した残額を貸倒れになったものとして，当該売掛債権に係る事業の所得の金額の計算上必要経費に算入することができる。

　（1）　債務者との取引の停止をした時（最後の弁済期又は最後の弁済の時が当該停止をした時より後である場合には，これらのうち最も遅い時）以後1年以上を経過したこと（当該売掛債権について担保物のある場合を除く。）。

　（2）　同一地域の債務者について有する売掛債権の総額がその取立てのために要する旅費その他の費用に満たない場合において，当該債務者に対し支払を督促したにもかかわらず弁済がないこと。

　　　（注）　（1）の取引の停止は，継続的な取引を行っていた債務者につきその資産状況，支払能力等が悪化したため，その後の取引を停止するに至った場合をいうのであるから，例えば，不動産取引のようにたまたま取引を行った債務者に対して有する当該取引に係る売掛債権については，この取扱いの適用はない。

4 事業者ではない個人（経営者・株主など）の税務

　窮境状態にある中小企業の場合，経営者や株主等からの借入金や経営者に対する未払い給与，あるいは経営者が立て替えた経費の未精算額が未払金として決算書に計上されている場合が多い。これらは個人から見ると債務者企業に対する債権となるが，金融機関等の債権者に金融支援を要請する場合には，経営者責任の一環として，個人が保有する債権を放棄するよう金融機関等から要請されることがある。

　事業者でない個人の場合，債権放棄したことによる損失は給与所得等の必要経費とは認められておらず，税務上は何ら手当てがされていない。

　また，債務者企業のコスト削減の一環として役員報酬を減額する場合がある。給与所得は実際に支給された日ではなく，受給することが確定した日（契約上の支給日）となり，本来の支払い日に支給されなかったとしても給与課税される。

3 | 取締役等（経営者・役員）に係る税務

1 役員報酬を減額した場合の税務

　経営者責任を果たす方法としては取締役等を退任することが原則であるが，中小企業の場合は後任の取締役等を選任することが難しい場合も少なくないため，取締役等を継続する代わりに役員報酬を減額する方法が一般的に行われている。

　役員報酬は所得税法上，給与所得とされており，収入金額の収入すべき時期として，契約又は慣習その他株主総会の決議等により支給日が定められている給与等についてはその支給日，その日が定められていないものについてはその支給を受けた日に収入があったものとされている（所基通36-9）。通常，役員報酬は従業員への給与と同様に支給日が定められているため，実際に役員報酬を受け取っていなくても支給日に給与所得として課税されることになる。未収となった役員報酬が累積し，ある一定時点で放棄したとしても未払い分を含めた金額に対して給与課税されるため，未払いとはせず，支給日前に減額した方が取締役等の個人にとっての税務負担が少なくて済む（役員報酬の減額について，法人側では減額改定が業績悪化改定事由に該当しない場合には減額前と減額後の差額部分は損金とならない）。

○関連条文・通達等

所得税基本通達 36-9（給与所得の収入金額の収入すべき時期）

給与所得の収入金額の収入すべき時期は，それぞれ次に掲げる日によるものとする。

(1)　契約又は慣習その他株主総会の決議等により支給日が定められている給与等（次の（2）に掲げるものを除く。）についてはその支給日，その日が定められていないものについてはその支給を受けた日

(2)　役員に対する賞与のうち，株主総会の決議等によりその算定の基礎となる利益に関する指標の数値が確定し支給金額が定められるものその他利益を基礎として支給金額が定められるものについては，その決議等があった日。ただし，その決議等が支給する金額の総額だけを定めるにとどまり，各人ごとの具体的な支給金額を定めていない場合には，各人ごとの支給金額が具体的に定められた日

(3)　給与規程の改訂が既往にさかのぼって実施されたため既往の期間に対応して支払われる新旧給与の差額に相当する給与等で，その支給日が定められているものについてはその支給日，その日が定められていないものについてはその改訂の効力が生じた日

(4)　いわゆる認定賞与とされる給与等で，その支給日があらかじめ定められているものについてはその支給日，その日が定められていないものについては現実にその支給を受けた日（その日が明らかでない場合には，その支給が行われたと認められる事業年度の終了の日）

2　債務者企業への貸付金等を放棄した場合の税務

　中小企業では資金繰りを助けるために取締役等が自らの現預金を会社に貸し付けている場合がある。会社の資金繰りが改善した時に返済を受けることを想定しているものの，現実的には貸付金が累積してしまうケースが少なくないと思われる。

　会社や個人事業者が取引先等に対して有する債権が回収不能となった場合は，貸倒引当金（期末資本金額が1億円超の法人及び期末資本金額が1億円

以下の普通法人であっても，資本金が5億円以上である法人による完全支配関係がある子法人等は損金とはならない）や貸倒損失など税務上の損金となる規定はあるが，事業者でない一般の個人が有する債権について回収不能となった場合には，所得税を計算する際の必要経費としては認められておらず，税務上の論点は生じない。

3 私財提供を行った場合の税務

中小企業では，取締役等個人が所有している不動産等を会社に貸し付けている場合がある。取締役等の私有財産が会社の事業継続にとって不可欠な資産の場合，経営者責任を果たす方法として，会社に対して私財提供することがある。

個人が法人に対して譲渡所得の対象となる資産を贈与あるいは時価の2分の1未満による低額譲渡をした場合，その事由が生じた時に，その資産を時価で法人に譲渡したとみなして，贈与あるいは譲渡した個人に譲渡所得が課税されることとされている（所法59①，所令169）。一方，贈与又は低い価格で譲渡を受けた法人側では受贈益となる。

しかしながら，一定要件の下，連帯保証を行っている取締役等が，その保有する資産のうち会社が利用している資産を贈与した場合には，みなし譲渡課税を行わないという特例がある（措法40の3の2）。

○関連条文・通達等
所得税法第59条（贈与等の場合の譲渡所得等の特例）
第1項 次に掲げる事由により居住者の有する山林（事業所得の基因となるものを除く。）又は譲渡所得の基因となる資産の移転があつた場合には，その者の山林所得

の金額，譲渡所得の金額又は雑所得の金額の計算については，その事由が生じた時に，その時における価額に相当する金額により，これらの資産の譲渡があつたものとみなす。

一　贈与（法人に対するものに限る。）又は相続（限定承認に係るものに限る。）若しくは遺贈（法人に対するもの及び個人に対する包括遺贈のうち限定承認に係るものに限る。）

二　著しく低い価額の対価として政令で定める額による譲渡（法人に対するものに限る。）

所得税法施行令第 169 条（時価による譲渡とみなす低額譲渡の範囲）

　法第 59 条第 1 項第 2 号（贈与等の場合の譲渡所得等の特例）に規定する政令で定める額は，同項に規定する山林又は譲渡所得の基因となる資産の譲渡の時における価額の 2 分の 1 に満たない金額とする。

4　債務処理計画に基づき資産を贈与した場合の課税の特例（措法 40 の 3 の 2）

　本特例の適用を受けるため場合には，次に掲げる要件を満たす必要がある。なお，この特例は贈与があった場合にみなし譲渡課税を行わないというものであり，遺贈，低額譲渡又は負担付き贈与の場合には特例の適用はない（措通 40 の 3 の 2-6）。また，この特例は 2022 年 3 月 31 日までの時限措置となっているため，適用する時期についても注意が必要である。

（1）　特例の適用要件

　本特例は中小企業者等の取締役等が自ら保証人となっており，経営する中小企業者等の再生のために保証債務を履行してもなお金融機関に対して債権放棄等を要請せざるを得ない状況を想定している。

特例の適用要件			
イ	その取締役等が，その債務処理計画に基づき，その内国法人の債務の保証に係る保証債務の一部を履行していること		
ロ	その債務処理計画に基づいて行われたその内国法人に対する資産の贈与及び上記イの保証債務の一部の履行後においても，その取締役等がその内国法人の債務の保証に係る保証債務を有していることが，その債務処理計画において見込まれていること		
ハ	その内国法人が，その資産の贈与を受けた後に，その資産をその内国法人の事業の用に供することがその債務処理計画において定められていること		
ニ	次に掲げる要件のいずれかを満たすこと		
	i	贈与を受ける内国法人が金融機関から受けた事業資金の貸付けについてその貸付けに係る債務の弁済の負担を軽減するため中小企業者等に対する金融の円滑化を図るための臨時措置に関する法律の施行の日（平成 21 年 12 月 4 日）から平成 28 年 3 月 31 日までの間に条件の変更が行われていること	
	ii	その債務処理計画が平成 28 年 4 月 1 日以後に策定されたものである場合においては，その内国法人が同日前に次のいずれにも該当しないこと （※）金融機関による債権放棄を含むものに限る	
		a	㈱地域経済活性化支援機構の再生支援決定の対象法人
		b	㈱東日本大震災事業者再生支援機構の支援決定の対象法人
		c	私的整理ガイドラインに基づく経営改善計画を実施している法人
		d	㈱整理回収機構が定める準則に基づく経営改善計画を実施している法人
		e	中小企業再生支援協議会が定める準則に基づく経営改善計画を実施している法人
		f	特定認証紛争解決手続きに基づく経営改善計画を実施している法人

（2） 特例の対象となる中小企業者の範囲
　　（措通 40 の 3 の 2-1）

　本特例の対象となる中小企業者の範囲は下記のとおり，資本金あるいは従業員数で判定を行うことになっている。判定する時期は期末時点ではなく，保証債務の一部の履行があった時点と資産の贈与が行われた時点のそれぞれにおいて判定することに注意が必要である。中小企業者に該当しない法人で

あっても，債務処理計画の中で減資を行い，両時点において中小企業者に該当する場合には特例を受けることができる。

中小企業者の範囲（内国法人に限る）		
イ		資本金の額又は出資金の額が１億円以下の法人のうち次に掲げる法人以外の法人
	i	その発行済株式又は出資（自己株式を除く）の総数又は総額の２分の１以上が同一の大規模法人の所有に属している法人 （※）大規模法人とは（a）資本金の額若しくは出資金の額が１億円を超える法人，（b）資本若しくは出資を有しない法人のうち常時使用する従業員の数が1,000人を超える法人をいう（中小企業投資育成は除く）。
	ii	その発行済株式又は出資の総数又は総額の３分の２以上が大規模法人の所有に属している法人
ロ		資本又は出資を有しない法人のうち常時使用する従業員の数が1,000人以下の法人

（3） 特例の対象となる取締役等の範囲
（措通40の3の2-2）

　本特例の対象となる取締役等は，中小企業者に該当する内国法人の取締役又は業務を執行する社員でその内国法人の債務の保証に係る保証債務を有する者である。したがって保証債務を有している者であっても，監査役，経営を退いた先代取締役等，取締役等の親族など，取締役等の地位を有していない者は特例の対象とはならない。

　また，債務処理計画の中で退任することが定められている取締役等であっても，保証債務の一部の履行があった時点と資産の贈与が行われた時点の両方の時点において，特例の対象となる取締役等であればこの特例の対象となる。

（4） 特例の対象となる贈与資産の範囲
　　（措通 40 の 3 の 2-3，40 の 3 の 2-4）

　本特例の対象となる資産は，取締役等である個人が保有する資産のうち，実際に中小企業者が使用しているもので，贈与を受けた後も継続して使用することが債務処理計画において定められているものに限定されている。そのため，贈与を受けた時点では事業活動に利用していた資産であっても，贈与を受けた後に売却することが予定されているものは特例の対象とはならないため注意が必要である。なお，特例の対象となる資産から有価証券が除外されている。

（5） 特例の対象となる債務処理計画の要件
　　（措通 40 の 3 の 2-5）

　本特例の対象となる資産の贈与は，企業再生税制の適用対象となる債務処理に関する計画と同様の要件となっている。この要件は，資産の評価益に関する法人税法施行令 24 条の 2 や，資産の評価損に関する法人税法施行令 68 条の 2 に掲げる再生計画認可の決定に準ずる事実等の要件を満たすものとなっている。そのため，会社更生法や民事再生法による法的再生手続きは特例適用の対象とはならないので注意が必要である。

（6） 保証債務の一部の履行の範囲（措通 40 の 3 の 2-7）

　本特例の適用要件の 1 つに「保証債務の一部を履行している場合」というものがある。これは民法 446 条（保証人の責任等）に規定する保証人の債務や，民法 454 条（連帯保証の場合の特則）に規定する連帯保証人の債務の履行があった場合のほか，下記の場合で債務処理計画に基づきそれらの債務を履行している時にもこの特例の適用がある。

①	不可分債務の債務者の債務の履行をしている場合
②	連帯債務者の債務の履行をしている場合
③	合名会社又は合資会社の無限責任社員による会社の債務の履行をしている場合
④	租税特別措置法40条の3の2第1項に規定する内国法人の債務を担保するため質権若しくは抵当権を設定した者がその債務を弁済し又は質権若しくは抵当権を実行されている場合
⑤	法律の規定により連帯して損害賠償の責任がある場合において，その損害賠償金の支払いをしている場合

（7）　確定申告手続き

　本特例の適用を受けるためには，贈与した年の翌年に確定申告をする必要がある。確定申告書の特例適用条文等欄に「措置法40条の3の2-1」と記載し，①贈与をした資産に関する事項を記載した書類（債務処理計画に基づき資産を贈与した場合の課税の特例に関する明細書），②特例の要件を満たしていることを証明する書類（確認書）を添付する必要がある。

　確認書は，債務処理計画に係る債務者企業や役員，株主，債権者等と利害関係のない第三者で，債務処理に関する専門的な知識や経験を有すると認められる者がその手続きの中で発行することとなっている。

文書回答事例で公表されている準則	確認書の発行者
RCC企業再生スキーム	㈱整理回収機構
特定認証紛争解決手続 （事業再生ADR）	手続実施者
中小企業再生支援スキーム	中小企業再生支援協議会
地域経済活性化支援機構の実務運用標準	㈱地域経済活性化支援機構
私的整理に関するガイドライン	専門家アドバイザー

債務処理計画に基づき資産を贈与した場合の課税の特例に関する明細書

納税者	住所	○○県○○市	氏名	フリガナ ○○ ○○	電話番号	( )

<table>
<tr><th rowspan="9">債務処理計画に基づき贈与した資産に関する事項</th><th rowspan="3">資産の種類</th><th>土地</th><td colspan="2">宅地・その他 ( )</td><th rowspan="3">数量</th><td>( ) ○○○.○○ ㎡</td></tr>
<tr><th>建物等</th><td colspan="2">事務所・工場・その他 ( )</td><td>( ) ㎡</td></tr>
<tr><th>工業所有権等</th><td colspan="2">特許権・実用新案権・その他 ( )</td><td>件</td></tr>
<tr><th>所在地等</th><td colspan="4">○○県○○市</td></tr>
<tr><th>取得年月日</th><td colspan="2">平成○年 ○月 ○日</td><th>取得価額</th><td>( ) ○○○ 円</td></tr>
<tr><th>贈与年月日</th><td colspan="2">令和4年 ○月 ○日</td><th>贈与の時における価額</th><td>( ) ○○○ 円</td></tr>
<tr><th>贈与を受けた法人の事業の用に供されていた権利の種類</th><td colspan="4">借地権・賃借権・使用貸借権・その他 ( )</td></tr>
<tr><th>贈与を受けた法人の事業の用に供されていた部分の割合</th><td colspan="4">100 % （計算根拠等）</td></tr>
<tr><th>贈与後の利用状況</th><td colspan="4">継続して○○に利用</td></tr>
</table>

<table>
<tr><th rowspan="6">贈与を受けた法人に関する事項</th><th>法人の名称</th><td colspan="3">株式会社○○○</td></tr>
<tr><th>本店又は主たる事務所の所在地</th><td colspan="3">○○県○○市</td></tr>
<tr><th>資本金又は出資金の額</th><td colspan="3">10,000,000 円</td></tr>
<tr><th>常時使用する従業員の数</th><td colspan="3">○○ 人</td></tr>
<tr><th rowspan="2">法人における贈与者の役職等</th><th>保証債務の履行時</th><td colspan="2">取締役 ・ その他 ( )</td></tr>
<tr><th>資産を贈与した時</th><td colspan="2">取締役 ・ その他 ( )</td></tr>
</table>

<table>
<tr><th rowspan="3">債務処理計画に関する事項</th><th>計画策定の基とした準則</th><td>中小企業再生支援協議会の支援による再生計画の策定手順</td></tr>
<tr><th>計画に定められている債務免除等の金額</th><td>45,000,000 円</td></tr>
<tr><th>計画に定められている債務免除等を行う金融機関等</th><td>A銀行、B信用金庫</td></tr>
</table>

<table>
<tr><th rowspan="6">保証債務の一部履行に関する事項</th><th colspan="2">主たる債務者</th><td colspan="3">贈与を受けた法人 ・ その他 ( )</td></tr>
<tr><th rowspan="2">債権者</th><th>氏名又は住所</th><td colspan="3"></td></tr>
<tr><th>住所又は所在地</th><td colspan="3"></td></tr>
<tr><th colspan="2">保証債務の内容</th><td>債務を保証した年月日
年 月 日</td><td>保証債務の種類</td><td>保証した債務の金額
円</td></tr>
<tr><th colspan="2">保証債務の一部履行に関する事項</th><td>保証債務の一部を履行した年月日
平成 年 月 日</td><td>保証債務の一部を履行した金額
円</td><td>求償権の額
円</td></tr>
<tr><th colspan="2">資産の贈与及び保証債務の一部履行後における保証債務の（見込み）残高</th><td colspan="3">円</td></tr>
</table>

関与税理士名	（電話 ）

税務署整理欄	資産課税部門	名簿番号

（別紙様式５）（９．（３）③ロ該当の場合）

令和　年　月　日

租税特別措置法第４０条の３の２の適用に関する確認書

（住所）
（保証人名）

(債務者名)再生計画検討委員会

委員長
　住所
　氏名(※記載例：弁護士〇〇〇〇)　　印
委員
　住所
　氏名　　　　　　　　　　　　　印
　住所
　氏名　　　　　　　　　　　　　印

　　下記の債務者の再生計画において定められた貴殿の資産の贈与に関し、租税特別措置法
第４０条の３の２を適用のため、以下の点につき確認を行いました。
　　なお、上記再生計画検討委員会の委員は、法人税法施行規則第８条の６第１項の要件を
満たす者です。

債務者：（住所）（債務者名）
贈与財産：（資産の種類）（所在地等）（数量）

確認事項：
（１）当該再生計画が、中小企業再生支援スキームに定められた手続きに従って策定され
　　　ていること。
（２）当該債務者の有する資産及び負債について、中小企業再生支援スキームの別紙「実
　　　態貸借対照表の作成に当たっての評価基準」に基づいて資産評定が行われていること。
（３）資産評定に基づいて実態貸借対照表が作成されていること。ただし、資産評定は公
　　　正な価額により行う。
（４）当該再生計画に、（３）の実態貸借対照表における資産及び負債の価額、当該再生
　　　計画における損益の見込み等に基づいて債務免除等をする金額が定められているこ
　　　と。
（５）当該再生計画に、二以上の金融機関等（法人税法施行令（昭和４０年政令第９７号）

第24条の2第1項第4号に規定する者に限る。）又は政府関係金融機関等（同項第5号に規定する者に限る。）が債務免除等をすることが定められていること。

（6）貴殿が、当該再生計画に基づき、当該債務者の債務の保証に係る保証債務の一部を履行していること。

（7）当該再生計画に基づいて行われた当該債務者に対する資産の贈与及び（6）の保証債務の一部の履行後においても、貴殿が債務者の債務の保証に係る保証債務を有していることが、当該再生計画において見込まれていること。

（8）当該債務者が、（6）の保証債務の一部の履行があった時点及び（7）の資産の贈与を受けた時点のそれぞれにおいて、租税特別措置法第42条の4第8項第7号に規定する中小企業者に該当する内国法人で、当該債務処理計画が平成28年4月1日以後に策定されたものであり、当該内国法人が平成28年3月31日以前に、以下のいずれにも該当していないこと。

 （イ）株式会社地域経済活性化支援機構法（平成21年法律第63号）第25条第4項に規定する再生支援決定の対象となった法人

 （ロ）株式会社東日本大震災事業者再生支援機構法（平成23年法律第113号）第19条第4項に規定する支援決定の対象となった法人

 （ハ）銀行法施行規則（昭和57年大蔵省令第10号）第17条の2第7項第8号に規定する合理的な経営改善のための計画（特定金融機関等が、債務の全部又は一部を免除する措置を実施することを内容とするものに限る）を実施している会社

（9）貴殿が、（6）の保証債務の一部の履行があった時点及び（7）の資産の贈与を受けた時点のそれぞれにおいて、当該債務者の取締役又は業務を執行する社員であること。

（10）当該債務者が、（7）の資産の贈与を受けた後に、当該資産をその事業の用に供することが当該再生計画において定められていること。

（11）（7）の資産は、貴殿の有する資産（有価証券を除く。）であり、かつ、当該資産に設定された賃借権、使用貸借権その他資産の使用又は収益を目的とする権利が、現に当該債務者の事業の用に供されているものであること。

○関連条文・通達等

租税特別措置法第40条の3の2（債務処理計画に基づき資産を贈与した場合の課税の特例）

第1項　第42条の4第8項第7号に規定する中小企業者に該当する内国法人の取締役又は業務を執行する社員である個人で当該内国法人の債務の保証に係る保証債務を有するものが，当該個人の有する資産（有価証券を除く。）で当該資産に設定さ

れた賃借権，使用貸借権その他資産の使用又は収益を目的とする権利が現に当該内国法人の事業の用に供されているもの（当該資産又は権利のうちに当該内国法人の事業の用以外の用に供されている部分がある場合には，当該内国法人の事業の用に供されている部分として政令で定める部分に限る。以下この条において同じ。）を，当該内国法人について策定された債務処理に関する計画で一般に公表された債務処理を行うための手続に関する準則に基づき策定されていることその他の政令で定める要件を満たすもの（以下この項において「債務処理計画」という。）に基づき，平成25年4月1日から令和4年3月31日までの間に当該内国法人に贈与した場合には，次に掲げる要件を満たしているときに限り，所得税法第59条第1項第1号の規定の適用については，当該資産の贈与がなかつたものとみなす。

一　当該個人が，当該債務処理計画に基づき，当該内国法人の債務の保証に係る保証債務の一部を履行していること。

二　当該債務処理計画に基づいて行われた当該内国法人に対する資産の贈与及び前号の保証債務の一部の履行後においても，当該個人が当該内国法人の債務の保証に係る保証債務を有していることが，当該債務処理計画において見込まれていること。

三　当該内国法人が，当該資産の贈与を受けた後に，当該資産をその事業の用に供することが当該債務処理計画において定められていること。

四　次に掲げる要件のいずれかを満たすこと。

　　イ　当該内国法人が中小企業者等に対する金融の円滑化を図るための臨時措置に関する法律（平成21年法律第96号）第2条第1項に規定する金融機関から受けた事業資金の貸付けにつき，当該貸付けに係る債務の弁済の負担を軽減するため，同法の施行の日から平成28年3月31日までの間に条件の変更が行われていること。

　　ロ　当該債務処理計画が平成28年4月1日以後に策定されたものである場合においては，当該内国法人が同日前に次のいずれにも該当しないこと。

　　　　(1)　株式会社地域経済活性化支援機構法（平成21年法律第63号）第25条第4項に規定する再生支援決定の対象となった法人

　　　　(2)　株式会社東日本大震災事業者再生支援機構法（平成23年法律第113号）第19条第4項に規定する支援決定の対象となった法人

　　　　(3)　(1)及び(2)に掲げる法人のほか，財務省令で定める法人

第2項　前項の規定は，確定申告書に，同項の規定の適用を受ける旨の記載があり，かつ，同項の贈与をした資産の種類その他の財務省令で定める事項を記載した書類及び同項各号に掲げる要件を満たす旨を証する書類として財務省令で定める書類の添付がある場合に限り，適用する。

第3項　税務署長は，確定申告書の提出がなかつた場合又は前項の記載若しくは添付がない確定申告書の提出があつた場合においても，その提出又は記載若しくは添付がなかつたことについてやむを得ない事情があると認めるときは，当該記載をした書類及び同項の書類の提出があつた場合に限り，第1項の規定を適用することができる。

租税特別措置法施行令第 25 条の 18 の 2（債務処理計画に基づき資産を贈与した場合の課税の特例）

第1項　法第 40 条の 3 の 2 第 1 項に規定する内国法人の事業の用に供されている部分として政令で定める部分は，同項の資産又は権利で当該内国法人の事業の用及び当該内国法人の事業の用以外の用に供されているもののうち，次の各号に掲げる権利の区分に応じ当該各号に定める金額に相当する部分とする。

一　土地の上に存する権利又は建物及びその附属設備若しくは構築物（以下この号において「建物等」という。）の賃借権，使用貸借権その他建物等の使用又は収益を目的とする権利　当該土地又は建物等の価額に相当する金額に，当該土地又は建物等の面積又は床面積のうちに占める当該内国法人の事業の用に供されている権利が設定されている部分の面積又は床面積の割合を乗じて計算した金額

二　工業所有権その他の資産の使用又は収益を目的とする権利（前号に掲げるものを除く。）　当該工業所有権その他の資産の価額に相当する金額に，法第 40 条の 3 の 2 第 1 項の個人が収入すべき当該工業所有権の使用料の総額のうちに占める当該内国法人から収入すべき使用料の額の割合その他権利の種類及び性質に照らして合理的と認められる基準により算出した当該内国法人の事業の用に供されている割合を乗じて計算した金額

第2項　法第 40 条の 3 の 2 第 1 項に規定する政令で定める要件は，同項の債務処理に関する計画が法人税法施行令第 24 条の 2 第 1 項第 1 号から第 3 号まで及び第 4 号又は第 5 号に掲げる要件に該当することとする。

租税特別措置法関係通達第 40 条の 3 の 2-1（中小企業者の範囲）

　措置法第 40 条の 3 の 2 第 1 項に規定する中小企業者に該当する内国法人とは，措置法令第 27 条の 4 第 12 項に規定する法人をいい，具体的には，次のいずれかに掲げる法人（内国法人に限る。）をいうことに留意する。

(1)　資本金の額又は出資金の額が 1 億円以下の法人のうち次に掲げる法人以外の法人

　イ　その発行済株式又は出資（その有する自己の株式又は出資を除く。ロにおいて同じ。）の総数又は総額の 2 分の 1 以上が同一の大規模法人（資本金の額若しくは出資金の額が 1 億円を超える法人，資本若しくは出資を有しない法人のうち常時使用する従業員の数が 1,000 人を超える法人又は次に掲げる法人をいい，中小企業投資育成株式会社を除く。ロにおいて同じ。）の所有に属している法人

　　（イ）　大法人（次に掲げる法人をいう。以下このイにおいて同じ。）との間に当該大法人による完全支配関係（法人税法第 2 条第 12 号の 7 の 6 に規定する完全支配関係をいう。（ロ）において同じ。）がある普通法人

　　　A　資本金の額又は出資金の額が 5 億円以上である法人

　　　B　保険業法第 2 条第 5 項に規定する相互会社及び同条第 10 項に規定する外国相互会社のうち，常時使用する従業員の数が 1,000 人を超える法人

　　　C　法人税法第 4 条の 7 に規定する受託法人

　　（ロ）　普通法人との間に完全支配関係がある全ての大法人が有する株式（投資信託及び投資法人に関する法律第 2 条第 14 項に規定する投資口を含む。）及び出資の全部を当該全ての大法人のうちいずれか一の法人が有するものとみなした場合において当該いずれか一の法人と当該普通法人との間に当該いずれか一の法人による完全支配関係があることとなるときの当該普通法人（（イ）に掲げる法人を除く。）

　ロ　イに掲げるもののほか，その発行済株式又は出資の総数又は総額の 3 分の 2 以上が大規模法人の所有に属している法人

(2)　資本又は出資を有しない法人のうち常時使用する従業員の数が 1,000 人以下の法人

　　（注）「常時使用する従業員の数」は，常用であると日々雇い入れるものであるとを問わず，事務所又は事業所に常時就労している職員，工員等（役員を除く。）の総数によって判定することに留意する。この場合において，法人が酒

造最盛期，野菜缶詰・瓶詰製造最盛期等に数か月程度の期間その労務に従事する者を使用するときは，当該従事する者の数を「常時使用する従業員の数」に含めるものとする。

特別措置法関係通達第40条の3の2-2（中小企業者又は取締役等である個人に該当するかの判定時期）

措置法第40条の3の2第1項の規定は，同項第1号に規定する保証債務の一部の履行があった時点及び同項に規定する贈与があった時点のそれぞれにおいて，当該贈与を受けた法人が同項に規定する内国法人である場合及び当該贈与をした者が当該内国法人の取締役又は業務を執行する社員である個人で当該内国法人の債務の保証に係る保証債務を有するものである場合に適用があることに留意する。

特別措置法関係通達第40条の3の2-3（特例の対象となる贈与資産）

措置法第40条の3の2第1項に規定する「個人の有する資産（有価証券を除く。）で当該資産に設定された賃借権，使用貸借権その他資産の使用又は収益を目的とする権利が現に当該内国法人の事業の用に供されているもの」とは，同項に規定する個人が有する資産で同項に規定する内国法人への貸付けの用に供しているものであり，かつ，当該資産に設定された権利が当該内国法人の事業の用に供されているものをいうことに留意する。

なお，当該個人が有する措置法令第25条の18の2第1項第1号に規定する建物等で当該内国法人への貸付けの用に供しているもの（当該建物等が当該内国法人の事業の用に供されているものに限る。）の敷地の用に供されている当該個人の有する土地を，当該内国法人に贈与した場合にも，措置法第40条の3の2第1項の規定の適用があることに留意する。

特別措置法関係通達第40条の3の2-5（債務処理計画の要件）

措置法第40条の3の2第1項に規定する債務処理計画とは，法人税法施行令第24条の2第1項第1号から第3号まで及び第4号又は第5号《再生計画認可の決定に準ずる事実等》に掲げる要件を満たすものをいうことから，民事再生法（平成11年法律第225号）の規定による再生計画認可の決定が確定した再生計画又は会社更生法（平成14年法律第154号）の規定による更生計画認可の決定を受けた更生計画は，当

該債務処理計画には含まれないことに留意する。

特別措置法関係通達第40条の3の2-6（負担付贈与）

措置法第40条の3の2第1項に規定する贈与には，当該贈与に伴い債務を引き受けさせることなどによる経済的な利益による収入がある場合は含まれないことに留意する。

特別措置法関係通達第40条の3の2-7（保証債務の一部の履行の範囲）

措置法第40条の3の2第1項第1号に規定する保証債務の一部を履行している場合とは，民法（明治29年法律第89号）第446条《保証人の責任等》に規定する保証人の債務又は同法第454条《連帯保証の場合の特則》に規定する連帯保証人の債務の履行があった場合のほか，次に掲げる場合も，同項に規定する債務処理計画に基づきそれらの債務を履行しているときは，同項の規定の適用があることとする。

(1) 不可分債務の債務者の債務の履行をしている場合

(2) 連帯債務者の債務の履行をしている場合

(3) 合名会社又は合資会社の無限責任社員による会社の債務の履行をしている場合

(4) 措置法第40条の3の2第1項に規定する内国法人の債務を担保するため質権若しくは抵当権を設定した者がその債務を弁済し又は質権若しくは抵当権を実行されている場合

(5) 法律の規定により連帯して損害賠償の責任がある場合において，その損害賠償金の支払をしている場合

4 経営を退いている前経営者が私財提供を行った場合の税務

中小企業の場合，窮境原因が既に経営から退いている前経営者の判断や行動に基因すると思われる場合も少なくない。このような場合であっても現経営者が経営者責任をとることになり，前経営者に対しては経営者責任を求め

ることができない。また，経営者を退任する際に保証人からも外れているため，保証人に対する履行請求をすることもできない。このような場合，訴訟事件に発展する場合を除き，前経営者に会社の状況を説明し，私財提供等の協力を依頼することになる。

　個人が法人に対して譲渡所得の対象となる資産を贈与あるいは時価の2分の1未満による低額で譲渡をした場合は，その事由が生じた時に，その資産を時価で法人に譲渡したとみなして，贈与あるいは譲渡した個人に譲渡所得が課税されることとされているが，税務上の特例がないため，譲渡所得の対象とならない現金預金による私財提供が行われることになる。

4 | 保証人に係る税務

1 保証債務に係る税務上の取扱い

（1） 民法上の考え方

　中小企業が金融機関から融資を受ける際には，経営者が保証人となるのが一般的である。保証債務は主たる債務がなければ成立せず，かつ，その負担は主債務額を限度として存在し，主債務が消滅すれば保証債務も消滅するという付従性を持つ関係がある。保証人には一般の保証人と連帯保証人があり，両者に法的な違いはあるものの，債務者企業の返済能力に問題がなければ保証人に対して保証債務の履行請求が行われることは多くないと思われる。しかし，債務者企業の経営が厳しく，金融機関に金融支援を依頼する場合には，保証人が債務者企業に代わり債務を履行する場合も想定される。そのため，中小企業の企業再生においては債務者企業の債務と保証人の保証債務を一体で整理することが多い。

【保証債務と連帯保証の違い】

	一般の保証債務	連帯保証債務
	主債務者がその債務の支払いをしない場合に，主債務者に代わって支払いをする義務。	主債務者と連帯して債務負担する保証で，主債務者と同等の責任を負う。
付従性 （民法448）	・主債務が消滅すれば保証債務も消滅するという関係 ・保証債務の額は主債務の額を限度とする関係	
	あり	あり
補充性 （民法446①）	主債務の履行が行われない場合に，保証債務を履行する義務を負うという関係	
	あり	なし
催告の抗弁権 （民法452）	債権者に対して，保証人の前に主債務者に催告をするよう請求できる権利	
	あり	なし
検索の抗弁権 （民法453）	主債務者に弁済能力があると証明した場合は，債権者に対して主債務者の財産から執行するよう請求できる権利	
	あり	なし
随伴性	主債務が移転すると保証債務も移転するという関係	
	あり	あり
分別の利益	あり（民法427，456）	なし（民法442〜444，465）
	複数の保証人がいる場合は均等割合で債務を保証すればよい。	複数の保証人がいたとしても全額を弁済する義務を負う。

（2） 保証人が複数名いる場合

　民法427条において，債権者又は債務者が複数名いる場合，別段の意思表示がない時は，債権者又は債務者はそれぞれ均等割合で権利又は義務を負うこととされている。保証債務についても同様に，契約書等で保証人間の保証割合を決めていない場合は均等で負担することとされている（民法456）。そのため，均等割合以上に保証債務を履行した場合は，他の保証人に対して求

償権を行使することができる。

　しかし，あらかじめ保証人間の保証割合を決めているケースはほとんどないと思われる。後述する「保証債務を履行するために資産を譲渡した場合の特例」を受ける際に提出するチェック表の中に，保証人等が複数いる場合の負担割合を記載する欄があり，また負担割合を示す契約書等を提出する必要があるため，実際に保証債務を履行する時までには，保証人間の保証割合を決めておく必要がある。

（3）　債務の免除を受けた場合

　個人が債務の免除を受けた場合や自己の債務を他人が負担した場合には，経済的利益を受けたとして所得税の課税対象とされている（所基通36-15(5)）。ただし，資力を喪失して債務を弁済することが著しく困難である場合にその有する債務の免除を受けたときは，免除により受ける経済的利益は総収入金額に算入しないこととされている（所法44の2①）。

　保証債務は，主債務者が債務を履行しない場合に，主債務者に代わって履行する義務を負っているに過ぎないため，保証人が保証履行を請求される前に金融機関から保証債務の免除を受けたとしても税務上の問題は生じない。

（4）　保証債務の免除を受けた場合

　一定額の保証債務を履行した後に債権者から保証債務の免除を受けることがある。主債務者が債務免除を受けた場合は付従性の関係から保証債務が免除されたものであり，また，主債務者は債務免除を受けず保証人の保証債務のみ免除された場合は，保証債務の履行義務を免除されたに過ぎず，主債務者の債務はそのまま残っていることになる。そのため，保証履行後に債権者から保証債務の免除を受けた場合についても税務上の問題は生じない。

（4） 保証人に相続が発生した場合

　保証人に相続が発生した場合，民法 896 条により保証債務も相続財産の対象となるとされている（民法 896）。しかし，相続税の課税価格を計算する際には，保証債務は債務控除の対象とはなっていない。これは，被相続人の保証債務が相続人に承継された場合でも，将来的に債務の履行義務が現実に発生するか不確実であり，仮に債務を履行した場合には，主債務者に対して求償権を行使することにより財産が補填されることから，確実な債務とはいえないためである。

　相続人には被相続人の権利義務を承継するか放棄するかを選択する権利が認められている（民法 915）。そのため，相続財産よりも承継する負債が大きい場合や債務者企業の財務状況から将来的に保証債務を履行するリスクが高い場合には，全ての相続財産と債務を相続するのか（単純承認），相続財産の範囲内において債務の義務を負担するのか（限定承認），相続の放棄をするのか検討する必要がある。

① 単純承認

　相続人が単純承認を選択した場合には，被相続人の財産だけではなく債務も無限に承継することになる（民法 920）。すなわち，相続した債務を弁済するために，相続財産だけではなく自己の財産をもって弁済する必要が生じる。

　なお，相続開始後，相続人名義の預貯金口座から引き出した場合は，下表のイに該当し，単純承認したとみなされる。そのため，限定承認又は相続放棄を検討している場合には，相続人の財産の取扱いには注意が必要である。

単純承認したとみなされる場合	
イ	相続人が相続財産の全部又は一部を処分した時
ロ	相続開始後3か月以内に限定承認又は相続放棄をしなかった時
ハ	限定承認又は相続放棄をした後であっても，相続財産の全部又は一部の隠蔽，消費，悪意で相続財産から除いた時

② 限定承認

限定承認は，相続人が相続によって得た財産を限度として被相続人の債務を負担するものであり，相続人が相続開始後3か月以内に，相続財産の目録を作成して家庭裁判所に申述しなければならない。また，相続人が複数の場合は，共同相続人全員が限定承認の手続きをする必要がある。

限定承認は相続によって得た財産を限度として被相続人の債務を承継するため有限責任となるが，限定承認をしても債務自体が消滅したわけではなく（民法925），債権者からの履行請求があってはじめて保証債務の存在を知ることも少なくないと思われる。第三者の債務の保証をしていたなど，相続人が債務の存在を知ることができなかった相当の理由がある場合には，限定承認の申述期限はその債務の存在を知った日が起算日とする判例がある。しかし，被相続人から相続人に対して時価による財産の譲渡があったものとして譲渡所得の準確定申告が必要となるため（所法59①），限定承認は保証債務を履行するリスクを回避する対策としては不十分と思われる。

③ 相続放棄

相続を放棄しようとする者は，相続開始後3か月以内に家庭裁判所へ申述書を提出することにより，初めから相続人とならなかったものとみなされる（民法938，939）。相続の放棄は，限定承認の場合と異なり，相続人が複数の場合でも相続を放棄しようとする者が単独で手続きすることが可能である。相続放棄は相続財産の放棄ではなく相続人としての地位を放棄することにな

るため，同一順位の相続人がいなくなった場合は，次の順位の者が相続人となる。そのため，相続人となり得る者との間で情報を共有し，後順位の者も放棄するかどうか検討する必要がある。相続放棄を選択した場合には，被相続人の一切の財産と債務を引き継がないため，保証債務を履行するリスクを回避する対策としては効果的と思われる。

　相続財産があるにもかかわらず，相続人全員が相続放棄をしたことにより相続人がいない場合は，債権者や特定受遺者（遺言で指定された財産を受け取れる人），特別縁故者（法定相続人以外の人で被相続人と同一生計だった人，被相続人の療養看護に努めた人など特別の縁故関係があった人）からの申立てにより，家庭裁判所が相続財産管理人を選任し，相続財産管理人が相続財産の整理をすることとなる。

　相続人が債務者企業の後継者として経営に従事しない場合は，相続放棄は選択肢の１つと考えられる。一方，相続人が債務者企業の後継者として経営に従事する見込みの場合は，相続放棄により保証債務の承継を回避することは現実的には難しいと思われる。

　相続税の課税価格を計算する際に保証債務は債務控除の対象から除かれていることは前述したとおりであるが，相続開始時に主債務者である債務者企業に弁済能力がないため，保証債務を承継した相続人が債務を履行しなければならない場合で，かつ債務者企業に求償権を行使しても返還を受ける見込みがない場合，保証債務の履行による損失は補填されないこととなるため，債務者企業が弁済することができない部分の金額については，確実な債務として債務控除の対象とすることができるとされている（相基通14-3）。

　しかし，返還を受ける見込みがないかどうかは事実認定を要する事項であり，相続開始時に債務者企業が債務超過であることをもって，直ちに弁済不能の状態であったと判断することはできないとされている。

弁済不能の状態にあるか否かは，債務者企業が破産や法的再生手続きを開始している，また，事業閉鎖や行方不明等により債務超過の状態が相当期間継続しながら，他からの融資を受ける見込みがなく，再起の目処が立たないなどの事情により，事実上，求償権を行使しても返還を受けることができない状況にあることが客観的に認められるかどうかで判断されるとする判例もあり，保証債務を債務控除できる要件はかなり厳しいと言わざるを得ない。そのため，債務者企業において再生手続きが進められており，債権放棄等により債務が圧縮される見込みがない場合は，相続放棄も検討せざるを得ないと思われる。

○関連条文・通達等

所得税基本通達36-15（経済的利益）

　法第36条第1項かっこ内に規定する「金銭以外の物又は権利その他経済的な利益」（以下36-50までにおいて「経済的利益」という。）には，次に掲げるような利益が含まれる。

（1）～（4）　省略

（5）　買掛金その他の債務の免除を受けた場合におけるその免除を受けた金額又は自己の債務を他人が負担した場合における当該負担した金額に相当する利益

所得税法第44条の2（免責許可の決定等により債務免除を受けた場合の経済的利益の総収入金額不算入）

第1項　居住者が，破産法（平成16年法律第75号）第252条第1項（免責許可の決定の要件等）に規定する免責許可の決定又は再生計画認可の決定があつた場合その他資力を喪失して債務を弁済することが著しく困難である場合にその有する債務の免除を受けたときは，当該免除により受ける経済的な利益の価額については，その者の各種所得の金額の計算上，総収入金額に算入しない。

相続税法基本通達 14-3（保証債務及び連帯債務）

　保証債務及び連帯債務については，次に掲げるところにより取り扱うものとする。

（1）　保証債務については，控除しないこと。ただし，主たる債務者が弁済不能の状態にあるため，保証債務者がその債務を履行しなければならない場合で，かつ，主たる債務者に求償して返還を受ける見込みがない場合には，主たる債務者が弁済不能の部分の金額は，当該保証債務者の債務として控除すること。

（2）　連帯債務については，連帯債務者のうちで債務控除を受けようとする者の負担すべき金額が明らかとなっている場合には，当該負担金額を控除し，連帯債務者のうちに弁済不能の状態にある者（以下 14-3 において「弁済不能者」という。）があり，かつ，求償して弁済を受ける見込みがなく，当該弁済不能者の負担部分をも負担しなければならないと認められる場合には，その負担しなければならないと認められる部分の金額も当該債務控除を受けようとする者の負担部分として控除すること。

2 保証債務を履行するために資産を譲渡した場合の課税の特例

　譲渡所得の対象となる資産の譲渡により課税所得が発生した場合には，通常であれば，所得税が課されることになる（所法33）。しかし，保証人が保証債務を履行するために個人の保有する資産を譲渡して換金したような場合，当該譲渡に対して譲渡所得課税が行われてしまうと，債務者企業の再生計画に支障をきたす可能性もある。そのため，一定の要件の下，譲渡所得が課されない特例措置が認められている。

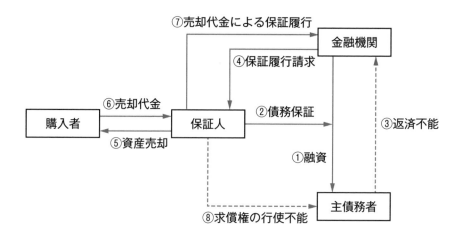

（1） 特例の概要

　保証人が保証債務を履行するために譲渡所得の対象となる資産を譲渡した場合で，保証債務の履行に伴う求償権の全部又は一部を行使することができないこととなったときは，次のイからハに掲げる金額のうち最も低い金額については，保証人の課税所得の金額の計算上，譲渡がなかったものとみなされる（所法 64 ②，所令 180 ②，所基通 64-3）。

譲渡がなかったものとみなされる額
下記のうち最も低い金額
イ　保証債務の履行に伴う求償権の行使不能額
ロ　保証債務の履行に伴う求償権の行使ができないこととなった時の直前において確定している資産を譲渡した年分の総所得金額，譲渡所得金額等各種所得金額の合計額
ハ　保証債務の履行に伴う求償権の行使不能額に係る上記ロに掲げる金額の計算の基礎とされる譲渡所得の金額

（2） 特例の適用要件

　保証債務の特例の適用を受けるためには 2 つの要件を満たす必要がある。

① 保証債務を履行するために資産を譲渡した場合であること

　主たる債務者の債務等を弁済することを目的とした資産の譲渡であればよく，譲渡した資産が弁済する債務等の担保に供されているかどうかは問わないため，一般的には当該要件を満たすことは難しくないと思われる。保証債務の履行の範囲が通達に示されており（所基通64-4），保証債務を履行するためではなく，自らの借入金の弁済のために資産を譲渡した場合など，別の目的による資産の譲渡と認められる場合は，本特例の適用要件を満たさないこととなる。

保証債務の履行の範囲	
イ	民法446条（保証人の責任等）に規定する保証人の債務
ロ	民法454条（連帯保証の場合の特則）に規定する連帯保証人の債務があった場合
ハ	不可分債務の債務者の債務の履行があった場合
ニ	連帯債務者の債務の履行があった場合
ホ	合名会社又は合資会社の無限責任社員による会社の債務の履行があった場合
ヘ	身元保証人に債務の履行があった場合
ト	他人の債務を担保するために質権若しくは抵当権を設定した者がその債務を弁済し又は質権若しくは抵当権を実行された場合
チ	法律の規定により連帯して損害賠償の責任がある場合において，その損害賠償金の支払いがあったとき

　なお，預金で保証債務を履行した後に資産を譲渡した場合には，履行時点で債務がなくなるため，資産の譲渡を保証債務の履行のために行ったとはいい難く，原則的には本特例の適用を受けることはできないと思われる。

　また，保証債務の履行を借入金で行い，その借入金を弁済するために資産の譲渡を行った場合においては，当該資産の譲渡が実質的に保証債務を履行するためのものであると認められるときは，本特例の要件に該当することとされている（所基通64-5）。

②　求償権の全部又は一部を行使することができないとき

　保証人が債務者企業の債務を弁済したことによって求償権が発生するが，債務者企業の資産状況や支払能力等から見て，求償権を行使したとしても現実的には回収ができないことが多いと思われる。このような場合，資産の譲渡により課税所得が生じたとしても，保証人の担税力が実質的に喪失することとなる。求償権を行使することが可能かどうかの判断は貸倒れの判定に準じて判定することとされている（所基通64-1，51-11，51-12）。

	発生した事実等	行使不能金額
イ	更生計画認可の決定又は再生計画認可の決定があった場合	切り捨てられることとなった部分の金額
ロ	特別清算に係る協定の認可の決定があった場合	切り捨てられることとなった部分の金額
ハ	法的整理手続きによらない債権者集会等の協議決定で合理的な基準により求償権が切り捨てられた場合	切り捨てられることとなった部分の金額
ニ	債務者の債務超過の状態が相当期間継続し，その求償権が行使不能であると認められる場合において，その債務者に対し債務免除額（求償権の放棄額）を書面により通知した場合	通知した債務免除額
ホ	求償権につき，その債務者の資産状況・支払能力等から見てその全額が回収できないことが明らかになった場合	その求償権の全額

　なお，国税庁「保証債務の特例における求償権の行使不能に係る税務上の取扱いについて（通知）」によれば，その法人がその求償権の放棄後も存続し，経営を継続している場合でも，次の全ての状況に該当すると認められるときは，その求償権は行使不能と判定して差し支えないとされている。

　　i　その代表者等の求償権は，代表者等と金融機関等他の債権者との関係から見て，他の債権者の有する債権と同列に扱うことが困難である等の事情により，放棄せざるを得ない状況にあったと認められること

　　ii　その法人は，求償権を放棄（債務免除）することによっても，なお債

務超過の状況にあること

（3）　申告手続き

　本特例の適用を受けるためには，確定申告書（修正申告書又は更正の請求書を含む）に所定の事項を記載し申告する必要がある（所法 64 ③，所規 38）。具体的には，確定申告書第 3 表の「特例規定条文」欄に，「所法 64 条 2 項」と記載し，「保証債務の履行のための資産の譲渡に関する計算明細書」を添付する。

　なお，本特例の適用要件及び添付書類の確認のため，保証債務の特例の申告をする際には「保証債務を履行するために資産を譲渡した場合の特例適用チェック表」を活用されたい。

<table>
<tr><td colspan="2">【令和　　年分】
保証債務の履行
のための資産の
譲渡に関する
計算明細書
（確定申告書付表）</td><td>譲渡者</td><td>住所</td><td>〇〇県〇〇市</td><td>氏名</td><td>〇〇　〇〇</td><td>電話
番号</td><td>（　）</td></tr>
<tr><td colspan="2"></td><td>関与
税理士</td><td>住所</td><td></td><td>氏名</td><td></td><td>電話
番号</td><td>（　）</td></tr>
</table>

保証債務の明細	主 た る 債 務 者	住 所 又 は 所 在 地	氏 名 又 は 名 称
		〇〇県 〇〇市	株式会社〇〇〇

	債 権 者	住 所 又 は 所 在 地	氏 名 又 は 名 称
		〇〇県 〇〇市	A銀行

	保証債務の内容	債務を保証した年月日	保証債務の種類	保証した債務の金額
		平成〇年〇月〇日		50,000,000 円

	保証債務の履行に関する事項	保証債務を履行した年月日	保証債務を履行した金額	求償権の額 Ⓐ
		令和4年〇月〇日	40,000,000 円	40,000,000 円

	求償権の行使に関する事項	求償権の行使不能となった年月日	求償権の行使不能額 Ⓑ	Ⓐのうち既に支払を受けた金額
		年　月　日	40,000,000 円	円

保証債務を履行するため譲渡した資産の明細

短 期 ・ 長 期 の 区 分	短 期 ・(長 期)	短 期 ・ 長 期	短 期 ・ 長 期
資 産 の 所 在 地 番	〇〇県〇〇市		
資 産 の 種 類	宅 地		
資産の利用状況 資産の数量	事業用　㎡(株(口)・㎡)〇〇〇.〇〇	㎡(株(口)・㎡)	㎡(株(口)・㎡)

譲渡先	住 所 又 は 所 在 地	〇〇県〇〇市		
	氏 名 又 は 名 称	(職業) TTT株式会社	(職業)	(職業)

譲 渡 し た 年 月 日	令和4年〇月〇日	年　月　日	年　月　日
譲渡資産を取得した時期	平成〇年〇月〇日	年　月　日	年　月　日
譲 渡 価 額 の 総 額	35,000,000 円	円	円

譲渡所得（山林所得）のうちないものとみなされる金額

所得税法第64条第2項適用前の各種所得の合計額	求償権の行使不能額（上のⒷの金額） Ⓒ	40,000,000 円	譲渡所得又は山林所得の第64条第2項適用前の金額の	総合課税の短期・長期譲渡所得の金額（申告書B第一表の㉕+㉖に相当する金額。赤字のときは0） Ⓜ	円
	総 所 得 金 額（申告書B第一表の⑫に相当する金額）(注1) Ⓓ	5,000,000 円		分離課税の短期・長期譲渡所得の金額 Ⓝ	12,000,000 円
	山 林 所 得 金 額（申告書第三表の㉓に相当する金額） Ⓔ	円		分離課税の一般株式等・上場株式等に係る譲渡所得の金額（繰越控除後）（Ⓘの金額のうち、譲渡所得の金額。それぞれ赤字のときは0） Ⓞ	円
	退 職 所 得 金 額（申告書第三表の㉔に相当する金額） Ⓕ	円		分離課税の先物取引に係る譲渡所得の金額（繰越控除後）（Ⓚの金額のうち、譲渡所得の金額。赤字のときは0） Ⓟ	円
	小　計（Ⓓ+Ⓔ+Ⓕ。赤字のときは0） Ⓖ	5,000,000 円		合　計（Ⓜ+Ⓝ+Ⓞ+Ⓟ） Ⓠ	12,000,000 円
	分離課税の短期・長期譲渡所得の金額（申告書第三表の㉗に相当する金額。赤字のときは0） Ⓗ	12,000,000 円		山 林 所 得 金 額（Ⓔの金額。赤字のときは0） Ⓡ	円
	分離課税の一般株式等・上場株式等に係る譲渡所得等の金額（繰越控除後）（申告書第三表の㉘に相当する金額。それぞれ赤字のときは0） Ⓘ	円			
	分離課税の上場株式等に係る配当所得等の金額（損益通算及び繰越控除後）（申告書第三表の㉙に相当する金額） Ⓙ	円		譲渡所得又は山林所得のうちないものとみなされる金額（Ⓒ・Ⓛ・Ⓠのうち低い金額又はⒸ・Ⓛ・Ⓡのうち低い金額） Ⓢ	12,000,000 円
	分離課税の先物取引に係る雑所得等の金額（繰越控除後）（申告書第三表の㉚に相当する金額。赤字のときは0） Ⓚ	円			
	合　計（Ⓖ+Ⓗ+Ⓘ+Ⓙ+Ⓚ） Ⓛ	17,000,000 円			

求償権が行使不能となった事情の説明	

保証債務を履行するために資産を譲渡した場合の特例適用チェック表

> このチェック表は、保証債務を履行するために資産を譲渡した場合の課税の特例の適用要件について、チェックしていただくためのものです。ご自分でチェックの上、確定申告書、譲渡所得の内訳書（確定申告書付表兼計算明細書）及び添付書類とともに提出してください。

氏　名　　○○　○○

チェック項目 （チェック項目のすべてについて「該当」となった場合には、原則としてこの特例を適用することができます。）	該当	非該当
1　あなたは金融機関等の債権者に対して、債務者（法人を含みます。）の債務を保証しましたか。 （注）1　例えば、以下のような債務の保証が該当します。 　　　　イ　保証人又は連帯保証人としての債務の保証 　　　　ロ　不可分債務の債務者又は連帯債務者としての債務の保証 　　　　ハ　合名会社又は合資会社の無限責任社員としての会社の債務の保証 　　　　ニ　身元保証人としての債務の保証 　　　　ホ　他人の債務を担保するための質権又は抵当権設定 　　　　ヘ　法律の規定による損害賠償の連帯責任 （注）2　平成17年4月1日以降に締結された保証契約については、書面によって締結された契約に限られます。	は い	いいえ
2　債権者から債務の弁済に係る履行請求があったなど、保証債務の支払義務が確定していますか。	は い	いいえ
3　あなたは、保証債務を履行するために自己の資産（棚卸資産等を除きます。）を譲渡しましたか。	は い	いいえ
4　資産の譲渡によって得た収入を保証債務の履行に充てましたか。 （注）　保証債務の履行を借入金で行い、その借入金（利子を除きます。）を返済するために資産を譲渡した場合であっても、その資産の譲渡が保証債務を履行した日からおおむね1年以内に行われているなど、実質的に保証債務を履行するためのものと認められる場合を含みます。	は い	いいえ
5　保証契約等の締結時において、主たる債務者に債務を弁済する能力はありましたか。	は い	いいえ
6　保証債務を履行したことに伴って生じた求償権の全部又は一部を行使することができなくなりましたか。 （注）1　「求償権の全部又は一部を行使することができなくなった」とは、次のいずれかに該当する場合をいいます。 　　　　イ　更生計画認可の決定又は再生計画認可の決定があり、これらの決定により求償権が切り捨てられたこと 　　　　ロ　特別清算に係る協定の認可の決定があり、この決定により求償権が切り捨てられたこと 　　　　ハ　法令の規定による整理手続によらない関係者の協議決定で、次に掲げるものにより求償権が切り捨てられたこと 　　　　　　a　債権者集会の協議決定で合理的な基準により債務者の負債整理を定めているもの 　　　　　　b　行政機関又は金融機関その他の第三者のあっせんによる当事者間の協議により締結された契約でその内容が上記aに準ずるもの 　　　　ニ　債務者の債務超過の状態が相当期間継続し、その債務の弁済を受けることができないと認められる場合において、その債務者に対し債務免除額を書面により通知したこと 　　　　ホ　求償権を取得した日以後の債務者の資産の状況、支払能力、事業再建の見通し、他の保証人との関係等を総合的に判断して、債務者に対する債権の全額が回収できないことが明らかになったこと 　　　2　主たる債務者の資力等から見て求償権の行使が可能であるにもかかわらず、求償権を放棄した場合には、この特例の適用はありません。 　　　3　連帯保証人が複数人いる場合、自己の負担した債務の全額についてこの特例の適用を受けるためには、他の共同保証人に対しても求償権を行使できないことが要件となります。	は い	いいえ

（注）この特例の適用が受けられる場合には、譲渡所得又は山林所得のうちないものとみなされる金額を「保証債務の履行のための資産の譲渡に関する計算明細書（確定申告書付表）」で計算してください。

保証債務を履行するために資産を譲渡した場合の特例を受ける場合の添付書類

> 下表の該当する項目及び確認した資料の□欄にチェック（レ）を付し、（　）内には内容を記入してください。また、資料添付の有無は、どちらかを○で囲んでください。

チェック項目			左の事項を確認できる資料の有無	資料添付の有無
A 保証債務の種類	□保証人　□連帯保証人　□連帯債務者	1	□金銭消費貸借契約書　☑保証契約書 □借用証　□その他	（有）・無
	□物上保証人〔他人の債務を担保するため土地等に抵当権等を設定していた者〕	2	□担保に提供した物件の登記事項証明書又は登記簿謄本 □根抵当権設定契約書	有・無
	□合名会社等の無限責任社員　□身元保証人 □その他（　　　　　　　　　　　）	3	□〔　　　　　　　　　〕	有・無
B　保証時に、主たる債務者に弁済能力があった事実		4	☑決算書□所得証明書□固定資産明細書 □その他（　　　　　）	（有）・無
C　保証債務の支払義務が確定した事実 （　　年 ○月 ○日確定）		5	□裁判（調停）記録　☑支払催告書 □その他（　　　　　）	（有）・無
D　履行の事実		6	☑代位弁済受領書 □その他（　　　　　）	（有）・無
E 譲渡代金との関連	譲渡内容	7	☑売買契約書　□競売通知書 □その他（　　　　　）	（有）・無
	譲渡代金の入金状況	8	☑受領書（写）　□振込通知書 □その他（　　　　　）	（有）・無
	借入金で履行した場合には、借入の状況 （　　年　　月　　日借入）	9	□金銭消費貸借契約書　□借用証 □その他（　　　　　）	有・無
	借入金で履行した場合には、返済の状況 （　　年　　月　　日返済）	10	□受領書 □その他（　　　　　）	有・無
F 主たる債務者の状況	□死亡　□破産　□被後見人等　□行方不明 □その他（　　　　　　　　　　　）	11	□破産決定の通知書□免責決定の通知書 □その他（　　　　　）	有・無
	☑清算結了　□倒産　□銀行取引停止 □その他（　　　　　）	12	□銀行取引停止通知書 □その他（謄本の写し）	（有）・無
G 求償権の行使ができない状況	主たる債務者の資力状況が分かるもの	13	□決算書□所得証明書□固定資産明細書 □その他（　　　　　）	有・無
	□債権者集会の協議 ☑債務免除〔主たる債務者の債務超過が相当期間継続し、求償権の行使ができない状況の下で行われたものに限られます〕 □その他（　　　　　）	14	□債権者集会議事録 ☑債務免除通知書 □その他（　　　　　）	（有）・無
H　保証人等が複数いる場合、自分の負担割合（　　　％） （特約がなければ各自均等の割合になります）		15	□負担割合の契約書 □その他（　　　　　）	有・無
I　その他参考となる事項		16	□〔　　　　　　　　　〕	有・無

（4） 保証債務履行後に求償権の行使が不能となった場合

　主たる債務者に対して求償権の行使が不能と認められない場合は，保証債務の特例の適用を受けることができない。しかし，その後において求償権の行使が不能となることも考えられる。その場合には，既に確定した譲渡所得について，その求償権の行使が不能となった事実が生じた日の翌日から2月以内に更正の請求をすることにより，遡って保証債務の特例の適用を受けることができる（所法152）。これにより，既に確定した譲渡所得に係る税額の還付を受けることとなる。

○関連条文・通達等

所得税法第33条（譲渡所得）

第1項　譲渡所得とは，資産の譲渡（建物又は構築物の所有を目的とする地上権又は賃借権の設定その他契約により他人に土地を長期間使用させる行為で政令で定めるものを含む。以下この条において同じ。）による所得をいう。

所得税法第64条（資産の譲渡代金が回収不能となった場合等の所得計算の特例）

第2項　保証債務を履行するため資産（第33条第2項第1号（譲渡所得に含まれない所得）の規定に該当するものを除く。）の譲渡（同条第一項に規定する政令で定める行為を含む。）があつた場合において，その履行に伴う求償権の全部又は一部を行使することができないこととなったときは，その行使することができないこととなった金額（不動産所得の金額，事業所得の金額又は山林所得の金額の計算上必要経費に算入される金額を除く。）を前項に規定する回収することができないこととなった金額とみなして，同項の規定を適用する。

所得税法施行令第180条（資産の譲渡代金が回収不能となった場合等の所得計算の特例）

第2項　法第64条第1項に規定する収入金額又は総収入金額で，回収することができないこととなったもの（同条第2項の規定により回収することができないことと

なったものとみなされるものを含む。）又は返還すべきこととなったもの（以下こ
の項において「回収不能額等」という。）のうち，次に掲げる金額のうちいずれか低
い金額に達するまでの金額は，同条第1項に規定する各種所得の金額の計算上，な
かつたものとみなす。

一　回収不能額等が生じた時の直前において確定している法第64条第1項に規定
　する年分の総所得金額，退職所得金額及び山林所得金額の合計額

二　前号に掲げる金額の計算の基礎とされる各種所得の金額のうち当該回収不能額
　等に係るものから，当該回収不能額等に相当する収入金額又は総収入金額がなか
　つたものとした場合に計算される当該各種所得の金額を控除した残額

所得税基本通達64-3（回収不能額等が生じた時の直前において確定している「総所得金額」）

　令第180条第2項第1号《資産の譲渡代金が回収不能となった場合等の所得計算の
特例》に規定する「総所得金額」とは，当該総所得金額の計算の基礎となった利子所
得の金額，配当所得の金額，不動産所得の金額，事業所得の金額，給与所得の金額，
譲渡所得の金額，一時所得の金額及び雑所得の金額（損益通算の規定の適用がある場
合には，その適用後のこれらの所得の金額とし，赤字の所得はないものとする。）の
合計額（純損失の繰越控除又は雑損失の繰越控除の規定の適用がある場合には，当該
合計額から総所得金額の計算上控除すべき純損失の金額又は雑損失の金額を控除した
金額とする。）をいうものとする。

（注）　省略

所得税基本通達64-4（保証債務の履行の範囲）

　法第64条第2項に規定する保証債務の履行があった場合とは，民法第446条《保
証人の責任等》に規定する保証人の債務又は第454条《連帯保証の場合の特則》に規
定する連帯保証人の債務の履行があった場合のほか，次に掲げる場合も，その債務の
履行等に伴う求償権を生ずることとなるときは，これに該当するものとする。

（1）　不可分債務の債務者の債務の履行があった場合

（2）　連帯債務者の債務の履行があった場合

（3）　合名会社又は合資会社の無限責任社員による会社の債務の履行があった場合

（4）　身元保証人の債務の履行があった場合

(5) 他人の債務を担保するため質権若しくは抵当権を設定した者がその債務を弁済し又は質権若しくは抵当権を実行された場合

(6) 法律の規定により連帯して損害賠償の責任がある場合において，その損害賠償金の支払があったとき。

所得税基本通達64-5（借入金で保証債務を履行した後に資産の譲渡があった場合）

保証債務の履行を借入金で行い，その借入金（その借入金に係る利子を除く。）を返済するために資産の譲渡があった場合においても，当該資産の譲渡が実質的に保証債務を履行するためのものであると認められるときは，法第64条第2項に規定する「保証債務を履行するため資産の譲渡があった場合」に該当するものとする。

被相続人が借入金で保証債務を履行した後にその借入金を承継した相続人がその借入金（その借入金の利子を除く。）を返済するために資産を譲渡した場合も，同様とする。

(注) 借入金を返済するための資産の譲渡が保証債務を履行した日からおおむね1年以内に行われているときは，実質的に保証債務を履行するために資産の譲渡があったものとして差し支えない。

所得税基本通達64-1（回収不能の判定）

法第64条第1項に規定する収入金額若しくは総収入金額の全部若しくは一部を回収することができなくなったかどうか，又は同条第2項に規定する求償権の全部若しくは一部を行使することができなくなったかどうかの判定については，51-11から51-16までの取扱いに準ずる。

所得税基本通達51-11（貸金等の全部又は一部の切捨てをした場合の貸倒れ）

貸金等について次に掲げる事実が発生した場合には，その貸金等の額のうちそれぞれ次に掲げる金額は，その事実の発生した日の属する年分の当該貸金等に係る事業の所得の金額の計算上必要経費に算入する。

(1) 更生計画認可の決定又は再生計画認可の決定があったこと。

  これらの決定により切り捨てられることとなった部分の金額

(2) 特別清算に係る協定の認可の決定があったこと。

  この決定により切り捨てられることとなった部分の金額

（3） 法令の規定による整理手続によらない関係者の協議決定で，次に掲げるもの
　　により切り捨てられたこと。
　　その切り捨てられることとなった部分の金額
　　　イ　債権者集会の協議決定で合理的な基準により債務者の負債整理を定めてい
　　　　るもの
　　　ロ　行政機関又は金融機関その他の第三者のあっせんによる当事者間の協議に
　　　　より締結された契約でその内容がイに準ずるもの
（4） 債務者の債務超過の状態が相当期間継続し，その貸金等の弁済を受けること
　　ができないと認められる場合において，その債務者に対し債務免除額を書面によ
　　り通知したこと。
　　　その通知した債務免除額

所得税法基本通達51-12（回収不能の貸金等の貸倒れ）

　貸金等につき，その債務者の資産状況，支払能力等からみてその全額が回収できな
いことが明らかになった場合には，当該債務者に対して有する貸金等の全額について
貸倒れになったものとしてその明らかになった日の属する年分の当該貸金等に係る事
業の所得の金額の計算上必要経費に算入する。この場合において，当該貸金等につい
て担保物があるときは，その担保物を処分した後でなければ貸倒れとすることはでき
ない。
　（注）　保証債務は，現実にこれを履行した後でなければ貸倒れの対象にすることは
　　　　できないことに留意する。

所得税法第64条（資産の譲渡代金が回収不能となった場合等の所得計算の特例）

第3項　前項の規定は，確定申告書，修正申告書又は更正請求書に同項の規定の適用
　　を受ける旨の記載があり，かつ，同項の譲渡をした資産の種類その他財務省令で定
　　める事項を記載した書類の添付がある場合に限り，適用する。

所得税法施行規則第38条（保証債務の履行のため資産を譲渡した場合の所得計算の特例の適用を受けるための記載事項）

　法第64条第3項（資産の譲渡代金が回収不能となった場合等の所得計算の特例）
に規定する財務省令で定める事項は，次に掲げる事項とする。

一　法第64条第2項に規定する譲渡をした資産の数量及び譲渡金額並びに保証債務の履行に伴う求償権の全部又は一部を行使することができないこととなつた金額

二　主たる債務者及び債権者の氏名又は名称及び住所若しくは居所又は本店若しくは主たる事務所の所在地

三　保証債務の履行に伴う求償権の全部又は一部を行使することができないこととなつた年月日

四　第1号に規定する資産の譲渡の年月日及び取得の年月日

五　求償権の行使ができないこととなつた事情の説明

六　その他参考となるべき事項

所得税法第152条（各種所得の金額に異動を生じた場合の更正の請求の特例）

確定申告書を提出し，又は決定を受けた居住者（その相続人を含む。）は，当該申告書又は決定に係る年分の各種所得の金額につき第63条（事業を廃止した場合の必要経費の特例）又は第64条（資産の譲渡代金が回収不能となった場合等の所得計算の特例）に規定する事実その他これに準ずる政令で定める事実が生じたことにより，国税通則法第23条第1項各号（更正の請求）の事由が生じたときは，当該事実が生じた日の翌日から2月以内に限り，税務署長に対し，当該申告書又は決定に係る第120条第1項第1号若しくは第3号から第8号まで（確定所得申告書の記載事項）又は第123条第2項第1号，第5号，第7号若しくは第8号（確定損失申告書の記載事項）に掲げる金額（当該金額につき修正申告書の提出又は更正があつた場合には，その申告又は更正後の金額）について，同法第23条第1項の規定による更正の請求をすることができる。この場合においては，更正請求書には，同条第3項に規定する事項のほか，当該事実が生じた日を記載しなければならない。

3　債務処理計画に基づき資産を贈与した場合の課税の特例（措法40の3の2）

中小企業においては，経営者等の個人が保有している資産を事業活動に利用している場合が多い。事業継続に必要な資産は保証債務の履行に際して第

三者へ譲渡することができないため，保証人責任の一環として債務者企業へ贈与（無償譲渡）することがある。

　法人への贈与や，著しく低い価額を対価とした譲渡については時価での譲渡があったとみなし（所法59），譲渡所得課税が行われるが，2022年3月31日までに一定の要件の下で行われる贈与については，みなし譲渡課税が適用されない特例がある（特例の適用要件については，「取締役等（経営者・役員）に係る税務」を参照いただきたい）。

特例の適用要件			
イ	その取締役等が，その債務処理計画に基づき，その内国法人の債務の保証に係る保証債務の一部を履行していること		
ロ	その債務処理計画に基づいて行われたその内国法人に対する資産の贈与及び上記イの保証債務の一部の履行後においても，その取締役等がその内国法人の債務の保証に係る保証債務を有していることが，その債務処理計画において見込まれていること		
ハ	その内国法人が，その資産の贈与を受けた後に，その資産をその内国法人の事業の用に供することがその債務処理計画において定められていること		
ニ	次に掲げる要件のいずれかを満たすこと		
	i	贈与を受ける内国法人が金融機関から受けた事業資金の貸付けについてその貸付けに係る債務の弁済の負担を軽減するため中小企業者等に対する金融の円滑化を図るための臨時措置に関する法律の施行の日（平成21年12月4日）から平成28年3月31日までの間に条件の変更が行われていること	
	ii	その債務処理計画が平成28年4月1日以後に策定されたものである場合においては，その内国法人が同日前に次のいずれにも該当しないこと （※）金融機関による債権放棄を含むものに限る	
		a	㈱地域経済活性化支援機構の再生支援決定の対象法人
		b	㈱東日本大震災事業者再生支援機構の支援決定の対象法人
		c	私的整理ガイドラインに基づく経営改善計画を実施している法人
		d	㈱整理回収機構が定める準則に基づく経営改善計画を実施している法人
		e	中小企業再生支援協議会が定める準則に基づく経営改善計画を実施している法人
		f	特定認証紛争解決手続きに基づく経営改善計画を実施している法人

中小企業者の範囲（内国法人に限る）		
イ	資本金の額又は出資金の額が1億円以下の法人のうち次に掲げる法人以外の法人	
	i	その発行済株式又は出資（自己株式を除く）の総数又は総額の2分の1以上が同一の大規模法人の所有に属している法人 （※）大規模法人とは（a）資本金の額若しくは出資金の額が1億円を超える法人，（b）資本若しくは出資を有しない法人のうち常時使用する従業員の数が1,000人を超える法人をいう（中小企業投資育成は除く）。
	ii	その発行済株式又は出資の総数又は総額の3分の2以上が大規模法人の所有に属している法人
ロ	資本又は出資を有しない法人のうち常時使用する従業員の数が1,000人以下の法人	

5 ┃ 株主に係る税務

1 個人株主の税務

　個人株主が出資をしている会社（債務者企業）が債権者に対して金融支援を要請する場合，株主責任の明確化が求められる。株主は有限責任のため，株主が債務者企業の経営者や保証人でない限り，出資額以上の損失負担を求められることはない。しかし再生手続きをスムーズに進めるため，あるいは債務者企業がスポンサー支援の下で再生を目指す場合，既存株主の影響を排除するために株式を手放さざるを得ない場合が少なくない。

（1）　株式評価損

　債務者企業が実質債務超過の場合，株式価値は無価値となるため，保有している株式は取得価額相当額の含み損を抱えていることになる。所得税額の計算は所得を10種類に区分して計算するが，事業所得，不動産所得及び雑所得の金額を計算する際に差し引くことができる必要経費は，収入金額に対応する売上原価と事業期間に対応する販売費及び一般管理費に限られている。

　また，譲渡所得の金額を計算する際に差し引くことができるものは，譲渡した資産の取得に要した金額とその後の追加投資や改良費などの取得費（いずれも減価償却費相当額を控除）及び譲渡する際に要した譲渡費用に限られている。

　所得控除の中に雑損控除というものがあるが，災害や盗難，横領など生活

に通常必要な動産に損害を受けた場合や災害等に関連する支出が対象となっており，生活に通常必要でない資産は雑損控除の対象から除外されている。そのため，個人株主が保有する株式の評価損については，所得金額の計算上，考慮することができない。

（2）　株式を譲渡した場合

　個人株主が株式を譲渡した場合，譲渡所得の対象とされている。株式の譲渡は上場株式等（措法37の11②）と上場株式等以外の一般株式等（措法37の10②）に大別され，それぞれの範囲内で発生した譲渡益と譲渡損を損益通算することができる。上場株式等に係る譲渡損失は，確定申告において手続きの要件を満たすことにより3年間繰越控除することができるが，一般株式等については繰越控除の適用はないため譲渡損は切り捨てられることとなる。

　株式が分散している場合，私的再生手続きをスムーズに進めるため，経営者やスポンサーが買い集める場合がある。債務者企業が実質債務超過の場合，株式価値は実質無価値となるため，経営者やスポンサー等へ備忘価額等で譲渡することにより取得価額相当額が譲渡損として実現される。この場合の譲渡損は他の一般株式等の譲渡益があれば同一年内に限り相殺することが可能である。

　個人株主が相続により株式を引継いだ場合，被相続人の取得価額を引継ぐことになるため，取得価額が不明の場合も想定される。取得価額が不明の場合は譲渡による売却代金の5％相当額を概算取得費として控除することができる。

（3）　株式を贈与した場合

　個人株主が株式を贈与した場合，株式を譲り受ける者が個人か法人かで課

税関係が異なる。債務者企業の株式価値が実質無価値の場合，贈与者及び受贈者のいずれにおいても課税の問題は生じないと思われる。なお，個人が受贈者の場合，贈与された株式の取得価額は贈与者の取得価額を引き継ぐことになるため，贈与を受けた時点では実質無価値の株式であっても，贈与者が債務者企業の株式を取得した時点の価額を確認しておく必要がある。

【個人から個人への贈与】

贈与者：個人	課税の対象にならない。
受贈者：個人	時価により贈与を受けたものとして贈与税の対象となる。

【個人から法人への贈与】

贈与者：個人	時価により譲渡したものとみなして所得税（譲渡所得）の対象となる。
譲受者：法人	時価により財産の贈与を受けたものとして法人税の対象となる。

（4） 100％減資をした場合

スポンサー支援による再生手続きでは，資本金を100％減資し，同時にスポンサーによる融資が行われる場合がある。100％減資は発行会社（債務者企業）に所有株式を無償で譲渡する取扱いとなるため，債務者企業の株主には取得価額相当額の譲渡損失が発生することになる。

2 法人株主の税務

法人株主が出資をしている会社（債務者企業）が債権者に対して金融支援を要請する場合，個人株主と同様に株主責任の明確化が求められる。

（1） 株式評価損

　法人が保有する資産について評価替えを行い，評価損を計上した場合には，原則として評価損は損金の額に算入することができない。ただし，法人が保有する資産について一定の事実が生じ，その資産の時価が帳簿価額を下回ることとなり，損金経理により時価相当額まで帳簿価額を減額した場合には，評価損の損金算入が認められている（法法33②）。

　法人が保有する資産のうち売買目的有価証券以外の有価証券については，その株式を発行する法人の資産状態が著しく悪化したことにより，その価額が著しく低下した場合には，評価損の計上ができるとされている（法令68①二ロ）。

① 資産状態の著しい悪化とは

　債務者企業の資産状態が著しく悪化したかどうかは，債務者企業の資産状態が株式を取得した時に比べて著しく悪化した状態であるかどうかで判断することとなり，法人税基本通達9-1-9では2つの具体的な判断基準が示されている。

（イ）形式基準
有価証券を取得して相当の期間を経過した後にその発行法人について次に掲げる事実が生じたこと （ⅰ）　特別清算開始の命令があったこと （ⅱ）　破産手続開始の決定があったこと （ⅲ）　再生手続開始の決定があったこと （ⅳ）　更生手続開始の決定があったこと
（ロ）実質基準
その事業年度終了の日における有価証券発行法人の1株又は1口当たりの純資産価額が当該有価証券を取得した時の当該発行法人の1株又は1口当たりの純資産価額に比べて概ね50％以上下回ることとなったこと

　債務者企業の株式を保有している法人にとって（イ）の形式基準は，債務者企業の状態が形式的に明確になるため判断に迷うところはないが，（ロ）

の実質基準は債務者企業の決算書を毎期入手し、資産状態の検証を継続的に行う必要がある。なお、形式基準には私的再生手続きが含まれていないため、債務者企業が民事再生法等に準ずる私的再生手続きを行った場合でも実質基準による判定が必要と思われる。債務者企業の期末時点の純資産価額と比較するものは、保有会社の取得価額ではなく、取得した時点の債務者企業の1株当たりの純資産価額となっている点に注意が必要である。純資産価額とは決算書上の純資産価額ではなく、時価ベースでの純資産価額となる。そのため、債務者企業が保有する不動産や有価証券の明細など決算書以外の資料を入手する必要がある。

債務超過会社の増資を引き受けることは通常の経済取引としては稀であるが、債務超過会社が子会社の場合には、子会社の再建支援のために親会社として増資を引き受けざるを得ない場合もあると思われる。この場合、債務者企業の期末時点の純資産価額と比較するものは、増資後の債務者企業の純資産価額であり、増資引受後と期末時点の純資産価額がともにマイナスの場合は、マイナスの金額を基礎にして比較を行うこととされている（法基通9-1-9、9-1-12）。

②　その価額が著しく低下した場合とは

債務者企業の株式の価額が著しく低下したかどうかは、市場性のある上場有価証券等の判定（法基通9-1-7）を準用することとされており、具体的には前掲（ロ）の実質基準に加え、近い将来その価額の回復が見込まれないこととされている。

回復見込みの判断について、2009年4月に国税庁から「上場有価証券の評価損に関するQ&A」が公表されており、上場有価証券の評価損の損金算入に当たっての補足的な見解が示されているが、市場性のない中小企業等の回復見込みの判断については、通達以外に示されているものがない。そのため、

債務者企業の株式について評価損を計上する場合には，債務者企業の1株又は1口当たりの純資産価額の推移，債務者企業の業況等を踏まえ回復する見込みがないと判断した合理的な理由，検討過程等を国税当局へ説明できるよう資料準備が必要である。

③　株式の時価

上場有価証券等以外の株式について評価損を計上する場合の期末の時価については，法人税基本通達9-1-13に示されており，課税上弊害がない限り，特例として財産評価基本通達の取引相場のない株式の評価方法に一定の調整を行った価額を評価額（時価）とすることができるとされている。

株式の区分		株式の価額
（ⅰ）	売買実例のあるもの	当該事業年度終了の日前6月間において売買の行われたもののうち適正と認められるものの価額
（ⅱ）	公開途上にある株式（金融商品取引所が内閣総理大臣に対して株式の上場の届出を行うことを明らかにした日から上場の日の前日までのその株式）で，当該株式の上場に際して株式の公募又は売出し（以下9-1-13において「公募等」という）が行われるもの（ⅰに該当するものを除く）	金融商品取引所の内規によって行われる入札により決定される入札後の公募等の価格等を参酌して通常取引されると認められる価額
（ⅲ）	売買実例のないものでその株式を発行する法人と事業の種類，規模，収益の状況等が類似する他の法人の株式の価額があるもの（ⅱに該当するものを除く）	当該価額に比準して推定した価額
（ⅳ）	ⅰからⅲまでに該当しないもの	当該事業年度終了の日又は同日に最も近い日におけるその株式の発行法人の事業年度終了の時における1株当たりの純資産価額等を参酌して通常取引されると認められる価額

中小企業の場合，株式の区分としては表の（ⅲ）あるいは（ⅳ）に該当するものがほとんどであり，財産評価基本通達による評価に，下表に示す一定

の調整を行った価額を評価額とすることが多いと思われる。

（ⅰ）	株主が債務者企業にとって「中心的な同族株主」に該当する時は，債務者企業を「小会社」として評価する。
（ⅱ）	債務者企業が保有する土地（土地の上に存する権利を含む）と上場有価証券は，時価で評価する。
（ⅲ）	1株当たりの純資産価額を計算する際に，評価差額に対する法人税額等は控除しない。

（2）　株式を譲渡した場合

　法人株主が株式を譲渡した場合，譲渡契約を締結した日の属する事業年度において，譲渡対価の額から譲渡原価（取得価額）を差し引いた金額が譲渡益ないしは譲渡損となる。

　中小企業である債務者企業の株式は流通性がなく，第三者への売却は難しいと思われる。そのため経営者や既存株主へ時価で譲渡することが現実的な対応となる。なお，債務者企業の株式を債務者企業と完全支配関係のある法人へ譲渡した場合は，譲渡損益調整資産として，譲渡損益は繰り延べられるため注意が必要である（譲渡直前の帳簿価額が1,000万円に満たない場合は，譲渡損益調整資産から除外されている）。

（3）　株式を贈与した場合

　法人株主が資産を贈与した場合，贈与する法人と資産を譲り受ける者との関係で課税関係が異なる。債務者企業の株式価値が実質無価値の場合，贈与者及び受贈者のいずれにおいても課税の問題は生じないと思われる。

【法人から個人への贈与】

贈与者：法人	受贈者が贈与者である法人と関係のない第三者の場合，時価相当額が一般の寄附金となり，損金算入限度額計算の対象となる。
	受贈者が贈与者である法人の役員の場合，役員賞与として損金不算入となる。
	受贈者が贈与者である法人の従業員の場合，賞与として損金となる。
受贈者：個人	贈与者である法人と関係のない第三者の場合，時価相当額の経済的利益を受けたとして所得税（一時所得）の対象となる。
	贈与者である法人の役員や従業員の場合，時価相当額の経済的利益を受けたとして所得税（給与所得）の対象となる。

【法人から法人への贈与】

贈与者：法人	時価相当額が一般の寄附金となり，損金算入限度額計算の対象となる。
譲受者：法人	時価により財産の贈与を受けたものとして法人税の対象となる。

（4） 100％減資をした場合

　100％減資は発行会社（債務者企業）に所有株式を無償で譲渡する取扱いとなるため，既存株主では取得価額相当額の譲渡損失が発生することになる。

○関連条文・通達等

法人税法第33条（資産の評価損の損金不算入等）

第2項　内国法人の有する資産につき，災害による著しい損傷により当該資産の価額がその帳簿価額を下回ることとなつたことその他の政令で定める事実が生じた場合において，その内国法人が当該資産の評価換えをして損金経理によりその帳簿価額を減額したときは，その減額した部分の金額のうち，その評価換えの直前の当該資産の帳簿価額とその評価換えをした日の属する事業年度終了の時における当該資産の価額との差額に達するまでの金額は，前項の規定にかかわらず，その評価換えをした日の属する事業年度の所得の金額の計算上，損金の額に算入する。

法人税法施行令第 68 条（資産の評価損の計上ができる事実）

第 1 項 第 33 条第 2 項（資産の評価損の損金不算入等）に規定する政令で定める事実は，物損等の事実（次の各号に掲げる資産の区分に応じ当該各号に定める事実であって，当該事実が生じたことにより当該資産の価額がその帳簿価額を下回ることとなったものをいう。）及び法的整理の事実（更生手続における評定が行われることに準ずる特別の事実をいう。）とする。

一　省略

二　有価証券　次に掲げる事実（法第 61 条の 3 第 1 項第 1 号（売買目的有価証券の評価益又は評価損の益金又は損金算入等）に規定する売買目的有価証券にあっては，ロ又はハに掲げる事実）

イ　省略

ロ　イに規定する有価証券以外の有価証券について，その有価証券を発行する法人の資産状態が著しく悪化したため，その価額が著しく低下したこと。

ハ　ロに準ずる特別の事実

法人税基本通達 9-1-9（市場有価証券等以外の有価証券の発行法人の資産状態の判定）

令第 68 条第 1 項第 2 号ロ《市場有価証券等以外の有価証券の評価損の計上ができる事実》に規定する「有価証券を発行する法人の資産状態が著しく悪化したこと」には，次に掲げる事実がこれに該当する。

（1）　当該有価証券を取得して相当の期間を経過した後に当該発行法人について次に掲げる事実が生じたこと。

イ　特別清算開始の命令があったこと。

ロ　破産手続開始の決定があったこと。

ハ　再生手続開始の決定があったこと。

ニ　更生手続開始の決定があったこと。

（2）　当該事業年度終了の日における当該有価証券の発行法人の 1 株又は 1 口当りの純資産価額が当該有価証券を取得した時の当該発行法人の 1 株又は 1 口当りの純資産価額に比しておおむね 50％以上下回ることとなったこと。

（注）　（2）の場合においては，次のことに留意する。

1　当該有価証券の取得が 2 回以上にわたって行われている場合又は当該発行法人が募集株式の発行等若しくは株式の併合等を行っている場合には，その取得

又は募集株式の発行等若しくは株式の併合等があった都度，その増加又は減少した当該有価証券の数及びその取得又は募集株式の発行等若しくは株式の併合等の直前における1株又は1口当たりの純資産価額を加味して当該有価証券を取得した時の1株又は1口当たりの純資産価額を修正し，これに基づいてその比較を行う。

2　当該発行法人が債務超過の状態にあるため1株又は1口当たりの純資産価額が負（マイナス）であるときは，当該負の金額を基礎としてその比較を行う。

法人税基本通達 9-1-12（増資払込み後における株式の評価損）

株式（出資を含む。以下9-1-12において同じ。）を有している法人が当該株式の発行法人の増資に係る新株を引き受けて払込みをした場合には，仮に当該発行法人が増資の直前において債務超過の状態にあり，かつ，その増資後においてなお債務超過の状態が解消していないとしても，その増資後における当該発行法人の株式については令第68条第1項第2号ロ《市場有価証券等以外の有価証券の評価損の計上ができる事実》に掲げる事実はないものとする。ただし，その増資から相当の期間を経過した後において改めて当該事実が生じたと認められる場合には，この限りでない。

3　従業員持株会の税務

　上場企業においては従業員の財産形成の促進や勤労意欲の向上を図るために，従業員持株会を導入している。一方，中小企業においては，オーナー経営者の株価対策や相続対策を目的に導入しているケースが多い。そのため，従業員持株会の運営が適切に行われておらず，税務上の問題を抱えているケースが散見される。

（1）　従業員持株会の概要

　民法第667条第1項において，「組合契約は，各当事者が出資をして共同の事業を営むことを約することによって，その効力を生ずる。」と規定されて

いる。一般的に従業員持株会は，持株会に参加する全従業員を組合員とし，組合員から拠出された資金を基に運営されていることから，法律上は民法上の組合と位置付けられている。民法上の組合の場合，組合員の出資やその他の組合財産は総組合員の共有とされている（民法668）。また，民法上の組合は組合契約の当事者である組合員の集合体であり，法人格は有しないと考えられている。そのため，従業員持株会自体に法人税は課税されず，配当金等の利益金額や持株会の運営費用等の損失金額は，各組合員に直接帰属することとなり，所得区分に応じた所得税が課税されることとなる（法基通14-1-1）。

　従業員持株会は会員となる従業員から拠出された資金を基に自社の株式を取得するが，中小企業の株式は上場企業の株式と異なり，一般に流通していないため，株式を取得する機会が限られている。持株会の導入時はオーナー経営者から持株の一部を買い取り，その後は株式の分散を防止する観点から，持株会の会員が退職する際に，規約等で定められた条件により持株会が買い取るとされていることが多い。

（2）　従業員持株会が保有する株式の評価

　従業員持株会は，オーナー経営者や退職により持株会を退会する従業員から自社株式を買い取ることになるが，その際の売買価額を決めるために，自社株式の評価額（時価）を算定する必要がある。一般的に取引相場のない株式を評価する際には，税法に規定された評価方法を用いることが多いと思われる。

　取引相場のない株式を評価する場合，議決権割合に応じて株主の判定を行い，原則的な評価方法によるのか特例的な評価方法によるのかを判定することになる。従業員持株会は株主総会において議決権を有しているが，理事長

が一括して行使することになるため，各会員が個別に行使することはない。しかし，株式の評価に当たっては，規約等に基づく会員への分配割合に応じた各会員の議決権割合を算出し，株主の判定を行う必要がある。

　持株会の会員は，通常，少数株主に該当するため，特例的評価方法である配当還元方式により算定することができる。そのため，退会する会員から買い取る際には配当還元方式により算定した価額で売買が行われるケースが多いと思われる。

（3）　配当金に係る税務

　民法上の組合が保有する組合財産は，総組合員の共有とされているため，従業員持株会への配当金は，持株会へ一括して支払われる。しかし持株会に生じる利益と損失は各会員に直接帰属するため，持株会に支払われた配当金は，持株割合に応じて各会員に分配されることとなる。税務上，各会員は配当金の分配を受けたことになるため，配当所得として20.42％の源泉所得税が徴収される。

　配当金の分配を受けた各会員は確定申告をする必要があり，所得税額の算定において，配当控除として税額の一部を控除することができる場合がある。上場会社等以外の会社からの配当金は，他の所得と合算した上で，累進税率により所得税額が算定されるため，源泉徴収された税額よりも税負担が大きくなる場合がある。なお1回の配当金が少額配当（10万円×配当金の計算期間の月数÷12）の場合は，確定申告をしなくてもよい。

（4）　奨励金に係る税務

　従業員持株会を導入している企業では，福利厚生の一環として持株会の会員に対して奨励金を支給するケースがある。支給を受ける各会員では給与所

得となり，源泉所得税が徴収される。

○**関連条文・通達等**

法人税基本通達14-1-1（任意組合等の組合事業から生ずる利益等の帰属）

　任意組合等において営まれる事業（以下14-1-2までにおいて「組合事業」という。）から生ずる利益金額又は損失金額については，各組合員に直接帰属することに留意する。

（注）　任意組合等とは，民法第667条第1項に規定する組合契約，投資事業有限責任組合契約に関する法律第3条第1項に規定する投資事業有限責任組合契約及び有限責任事業組合契約に関する法律第3条第1項に規定する有限責任事業組合契約により成立する組合並びに外国におけるこれらに類するものをいう。以下14-1-2までにおいて同じ。

第3章

ケーススタディ

本章においては，中小企業が事業再生に取り組むに当たり，各ステークホルダー（債務者企業，債権者，取締役等，保証人，株主）の立場で留意すべき点や検討事項等について解説している。なお，事例に共通する留意点や検討事項等は重複して説明していないため，他の事例研究の解説を参照していただきたい。

　また，第2章で解説していない項目については本章で解説をしている。

1 事例研究①

1 事例の概要

　サービス業を営む A 社は，社長 Y が 100％株主である中小企業であり，社長 Y が所有する自宅の一部を A 社の事務所として使用している。A 社では，運転資金を調達するため金融機関から融資を受けているが，その際に社長 Y が連帯保証人となり，また，社長 Y の自宅には金融機関の抵当権が設定されている。

　A 社は資金繰りが厳しくなる都度，社長 Y から借入れを行い，資金繰りに余裕があるときに社長 Y に返済をするという状況を繰り返していた。

　社長 Y は事業の将来性に不安を持っており，また後継者もいなかったため，取引関係のあった N 社に相談したところ，A 社の事業を引き継いでもよいと回答があった。社長 Y は事業を N 社へ譲渡することを金融機関へ報告し，対応を協議することとなった。

　A 社の決算書上の貸借対照表と財務デューデリジェンスにより判明した実態貸借対照表は，下記のとおりであった。また，社長 Y の自宅の評価額は 50 であった。

〈A社の決算上の貸借対照表〉

流動資産 150	流動負債 130
	役員借入金 20
有形固定資産 50	
無形形固定資産 10	金融機関からの借入金 80
投資その他の資産 10	
純資産 △10	

【資産の調整】

流動資産の評価減	△20
有形固定資産の償却不足	△30
リース資産の計上	5
無形固定資産の償却不足	△5
投資その他資産の評価減	△5

【負債の調整】

未経過リース料	5
従業員への退職金	10

【経営者Yの自宅】

取得価額	35
評価額	50

〈A社の実態貸借対照表〉

流動資産 130	流動負債 130
有形固定資産 20	役員借入金 20
資産の追加 5	負債の追加 15
無形形固定資産 5	
投資その他の資産 5	金融機関からの借入金 80
純資産 △80	

【相関図】

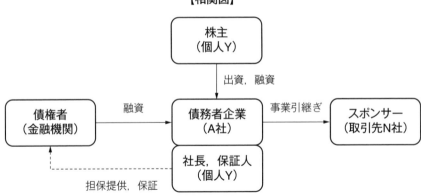

事例研究①の論点		
債務者企業	スポンサーに事業を移転するスキームの問題	
	金融機関からの借入金を全額返済できない場合の問題	
	経営者からの債権放棄や保証人からの求償権放棄を受けた場合の問題	
債権者	債務者企業から債権の全部又は一部の返済が受けられない場合の問題	
取締役等	債務者企業への貸付金の全部又は一部の返済が受けられない場合の問題	
保証人	現金預金で保証履行した場合の問題	
	譲渡所得の対象となる資産を売却して保証履行した場合の問題	
	債務者企業に対する求償権の問題	
株主	スポンサーに事業を移転するスキームの問題	
	スポンサーに株式を譲渡する場合の問題	

2 ステークホルダー別の検討ポイント

（1） 債務者企業（A社）

　債権者等から債権放棄等の金融支援を受けた場合や経営者等から私財提供を受けた場合，債務者企業において課税所得が発生しないかどうかが，税務上の重要なポイントとなる。A社は実質債務超過であり，A社の総資産だけでは債務を全額返済することができないと想定される。そのため，不足額を補塡する方法を検討する必要がある。

① スポンサーに事業を移転するスキームの問題

　N社へ事業を移転させる方法としては事業譲渡，会社分割，合併があり，組織再編税制や企業再生税制の適用要件等を踏まえ，どのような方法が最適か検討する必要がある。

　N社への事業移転の対価がA社に入る方法は事業譲渡と現金を分割対価とした非適格会社分割が考えられる。また，事業譲渡は消費税等の課税取引と

なるが，会社分割は不課税取引のため，会社分割の方がA社の手元に残る資産が多くなる可能性がある。

顧客基盤やノウハウなど，貸借対照表に計上されていない無形の財産をのれんとしてN社が評価した場合，N社へ移転する純資産額よりも移転の対価が大きくなるため，その差額をA社では収益として計上する必要がある。

② 金融機関からの借入金を全額返済できない場合の問題

A社の事業をN社へ移転することにより，A社は収益を獲得するための事業がなくなってしまう。そのため，N社からの事業移転の対価を含め，主債務者であるA社から金融機関等の債権者へ全額返済ができるかどうか検討する必要がある。

主債務者であるA社から全額返済できない場合は，金融機関から保証人である社長Yに対して保証を履行するよう請求が行われることになる。保証人である社長Yにより金融機関へ返済が行われると，A社は金融機関への返済義務はなくなるが，保証人である社長Yへの返済義務が新たに発生するため，債務額自体が消滅するわけではない。債権者が金融機関から保証人へ変更されたに過ぎないため，A社の損益に影響はない。

N社が事業面や財務面のデューデリジェンスを行い，事業移転の対価をA社へ提示することになるが，A社でも要望や希望額を検討し，N社との条件交渉を行う必要がある。

③ 経営者からの債権放棄や保証人からの求償権放棄を受けた場合の問題

社長Yから債権放棄あるいは保証人でもある社長Yから求償権の放棄を受けた場合，A社ではその金額を収益として計上する必要がある。

債務免除益等の額が青色欠損金の範囲内であれば課税所得が生ずることはないが，青色欠損金を超過する場合は課税所得が生ずることになるため，期

限切れ欠損金の活用を検討する必要がある。期限切れ欠損金は通常，損金算入することが認められていないが，会社が解散した場合において，残余財産がないと見込まれるときは損金算入が認められている。期限切れ欠損金の損金算入が認められるのは，解散事業年度ではなく清算事業年度であるため，債権放棄や求償権放棄を受ける前に会社を解散させる必要がある。

（2） 債権者（金融機関）

　債務者企業や保証人等から債権額の全部又は一部の返済が受けられない場合に生ずる損失が税務上の損金となるかが重要なポイントとなる。

　Ａ社が実質的に債務超過の場合，Ａ社の総資産だけでは全額返済を受けることができないことが想定される。そのため，担保物件の処分あるいは保証人である社長Ｙへの保証履行請求を検討することになる。担保物件である社長Ｙの自宅の評価額算定や保証人である社長Ｙの自宅以外の保有財産の調査などを行い，①特定調停手続きの申立てを行い一定金額で和解する，②保証人に自己破産を求める，③経営者保証ガイドラインによる保証債務の整理を申し立てるなど，回収の極大化に向けた検討を行う必要がある。回収努力の結果，未回収金額が発生した場合の損失は税務上の損金になると考えられる。

（3） 経営者（個人Ｙ）

　債務者企業から債権者への返済が厳しい場合，経営者が債務者企業へ貸し付けている資金の返済は，他の債権者に劣後させるのが一般的であるため，全額回収できないリスクが生じることになる。

　Ａ社は実質債務超過であるため，社長ＹがＡ社に融資した貸付金の一部は回収不能となる可能性が高い。法人や個人事業者と異なり，事業者ではない個人が有している債権が回収不能となったとしても所得税法上の経費にはな

らないため，税務上の論点は生じない。

（4）保証人（個人Y）

　債務者企業に代わり，金融機関へ保証債務を履行するために，個人所有の不動産や有価証券など譲渡所得の対象となる資産を売却することがある。この場合に税金が発生するのかが重要なポイントとなる。

　譲渡対価が取得価額を超過する場合，譲渡所得として課税されるが，保証債務を履行するための資産の譲渡では，一定の要件を満たしている場合に限り，譲渡所得がなかったものとみなす特例がある（所法64②）。

①　現金預金で保証履行した場合の問題

　主債務者であるA社に代わり，保証人である社長Yが現金預金で金融機関へ返済を行った場合，課税所得に影響せず，税務上の問題は生じない。

②　譲渡所得の対象となる資産を売却して保証履行した場合の問題

　保証人である社長Yの保有する現金預金で全額返済ができれば税務上の問題は生じないが，社長Yの自宅には金融機関の抵当権が設定されているため，自宅を売却せざるを得ない場合も想定される。そのため，過度な税負担を生じさせないためにも，「保証債務を履行するために資産を譲渡した場合の課税の特例（所法64②）」の適用要件を確認し，適用要件が満たせるよう事前に債権者と協議しておく必要がある。

③　債務者企業に対する求償権の問題

　主債務者であるA社に代わり，金融機関に対して保証履行を行った場合，保証人YはA社に対して求償権を取得することになる。求償権によるA社からの回収に対しては課税の問題は生じないものの，N社へ事業移転したことにより，A社からの求償権による回収は期待できない。保証人Yに相続が

発生した場合，A社への求償権は相続財産となるため，回収可能性がないにもかかわらず，相続税が生じる可能性がある。そのため，保証履行と併せ求償権放棄の手続きを進める必要がある。

（5） 株主（個人 Y）

　スポンサーに事業を移転するスキームは，株主に対する課税にも影響を及ぼすことになる。

①　スポンサーに事業を移転するスキームの問題

　A社の事業をN社へ移転させる方法としては事業譲渡，会社分割，合併，株式譲渡など様々考えられるが，これらのスキームのいずれかを選択した場合に，株主に移転対価が直接入るものと，入らないものに区分する必要がある。

　A社は実質債務超過であるため，純資産価額を基準にした株式価値は無価値と思われる。また，A社が事業移転後に解散した場合，残余財産の分配も期待することができない。もし，N社がA社の事業を将来収益力に基づき評価を行い，超過収益力に相当する営業権を認識した場合には，株式譲渡益や残余財産の分配が生じる可能性がある。

②　スポンサーに株式を譲渡する場合の問題

　株式をスポンサーに譲渡する場合，譲渡代金が出資額（取得価額）を超過する場合には譲渡所得課税の対象となる。また，個人が法人に対して時価の2分の1未満の低額で譲渡した場合は，時価により譲渡が行われたとみなして，みなし譲渡課税が行われる。A社は実質債務超過であり，株式価値は無価値と思われるため，個人YがA社株式を無償でN社に譲渡したとしても税務上の論点は生じないと思われる。

2 事例研究②

1 事例の概要

　倉庫業を営む B 社は，社長 Y が株式の 100％を保有している中小企業である。B 社では，倉庫を購入するための設備投資資金を金融機関から調達しており，社長 Y が連帯保証を行っている。また，倉庫には金融機関の抵当権が設定されている。

　B 社は倉庫の大規模修繕を計画的に行っていなかったために老朽化が目立ち，空きスペースが増えていた。倉庫の減価償却費と借入金の利息負担が重いものの，毎期わずかであるが経常利益を確保している。また，営業キャッシュフローはプラスであったため，返済可能な範囲で金融機関へ借入金の返済を行っている。しかし，現在の収益力では完済するまでに長期間を要することが想定されていた。

　社長 Y は高齢のため，息子の C へ事業を承継してほしいと考えていたが，多額な借入金が残っている状況で事業承継は難しいと懸念していた。役員報酬を減額するなど自助努力を行っていたものの，将来の事業承継を見据え，金融機関に事業再生に取組む意向と支援の相談をしたところ，改善計画書を作成し，不採算倉庫の売却を進めるなど抜本的な改善に取り組むのであれば対応を検討すると回答があった。

　B 社の決算書上の貸借対照表と財務デューデリジェンスにより判明した実態貸借対照表は下記のとおりであった。

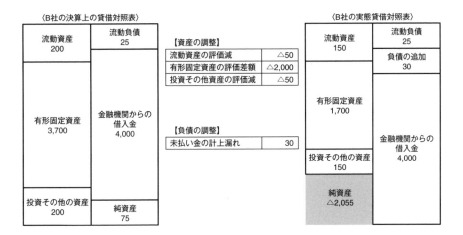

〈B社の決算上の貸借対照表〉

流動資産 200	流動負債 25
有形固定資産 3,700	金融機関からの借入金 4,000
投資その他の資産 200	純資産 75

【資産の調整】

流動資産の評価減	△50
有形固定資産の評価差額	△2,000
投資その他資産の評価減	△50

【負債の調整】

未払い金の計上漏れ	30

〈B社の実態貸借対照表〉

流動資産 150	流動負債 25
	負債の追加 30
有形固定資産 1,700	金融機関からの借入金 4,000
投資その他の資産 150	
純資産 △2,055	

【相関図】

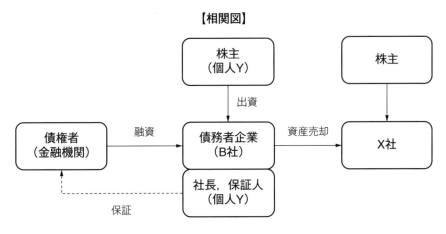

事例研究②の論点		
債務者企業	不採算事業を売却する場合の問題	
	採算性のある事業用不動産に含み損がある場合の問題	
	役員報酬を減額する場合の問題	
債権者	債務者企業から債権の全部又は一部の返済が受けられない場合の問題	
取締役等	役員報酬を減額する場合の問題	
	後継者への事業承継の問題	
保証人	債務者企業が再建計画により債権放棄を要請する場合の問題	
株主	債務者企業の株式価値の問題	

2 ステークホルダー別の検討ポイント

（1） 債務者企業（B社）

　債権者等から債権放棄等の金融支援を受けた場合や経営者等から私財提供を受けた場合，債務者企業において課税所得が発生しないかどうかが，税務上重要なポイントとなる。

①不採算物件を売却する場合の問題

　B社は毎期経常利益を確保しているものの，金融機関への返済には長期間を要する状況から，過剰債務状態であると想定される。そのため，老朽化設備の修繕や営業力強化により収益力の向上は不可欠である。また，改善施策の効果が出ない不採算物件については売却を検討する必要がある。

　不採算物件の場合，通常の販売ルートでは買い手が見つからない可能性もあるため，B社に子会社等の関係会社があれば関係会社への売却も視野に入れる必要がある。しかし，関係会社間の取引は第三者間取引に比べ恣意性が入りやすいため，売買価格と時価が乖離している場合には税務上の問題が発生する可能性がある。そのため，不動産鑑定士等の専門家による評価額を

もって売買価格とする等，売買価格に恣意性が働かないような対応が必要となる。

売却先がB社と完全支配関係がある法人の場合，グループ法人税制の適用対象となり，グループ法人間で行われる一定の資産（譲渡損益調整資産（法法61の13，法令122の14①））の売買による譲渡損益は繰り延べられることとなる。不動産は譲渡損益調整資産に該当するため，実際に売買が行われたとしても譲渡損益が繰り延べられることになるため，売却先の選定には注意が必要である。

譲渡損益調整資産	
イ	固定資産
ロ	土地（土地の上に存する権利を含み，固定資産に該当するものを除く）
ハ	有価証券
ニ	金銭債権
ホ	繰延資産
上記のうち譲渡損益調整資産から除かれる資産	
i	売買目的有価証券
ii	譲渡を受けた内国法人において売買目的有価証券とされる有価証券
iii	譲渡直前の帳簿価額が1,000万円に満たない資産

② 採算性のある事業用不動産に含み損がある場合の問題

実質債務超過の要因が採算物件の時価と帳簿価額の差である場合，外部への売却は実質的に不可能と思われる。そのため，継続利用することを前提に売却し，賃貸借契約を締結するか企業再生税制の適用を模索することになる。

しかし，私的再生手続きにおいて企業再生税制を適用するためには，事業再生ADRや，中小企業再生支援協議会及び中小企業再生支援全国本部による中小企業再生支援スキームなど，厳格な手続きが必要となるため，金融機関と十分な協議が必要である。

③　役員報酬を減額する場合の問題

　役員報酬は定期同額給与が基本となる。事業年度の途中で減額する場合には，臨時改定事由あるいは業績悪化改定事由に該当しない限り，減額前と減額後の差額は税務上の損金とならないため，減額する時期については注意が必要である。

　なお，業績悪化改定事由は定期給与の額を減額した場合にのみ限り認められているため，減額した役員報酬を元に戻すことは，税務上，増額した取扱いとなる。そのため，元に戻した金額を税務上の損金とするためには，事業年度の途中ではなく翌事業年度以降の通常のタイミングで改定する必要がある。

○関連条文・通達等

法人税法第61条の13（完全支配関係がある法人の間の取引の損益）

第1項　内国法人（普通法人又は協同組合等に限る。）がその有する譲渡損益調整資産（固定資産，土地（土地の上に存する権利を含み，固定資産に該当するものを除く。），有価証券，金銭債権及び繰延資産で政令で定めるもの以外のものをいう。以下この条において同じ。）を他の内国法人（当該内国法人との間に完全支配関係がある普通法人又は協同組合等に限る。）に譲渡した場合には，当該譲渡損益調整資産に係る譲渡利益額（その譲渡に係る収益の額が原価の額を超える場合におけるその超える部分の金額をいう。以下この条において同じ。）又は譲渡損失額（その譲渡に係る原価の額が収益の額を超える場合におけるその超える部分の金額をいう。以下この条において同じ。）に相当する金額は，その譲渡した事業年度（その譲渡が適格合併に該当しない合併による合併法人への移転である場合には，次条第2項に規定する最後事業年度）の所得の金額の計算上，損金の額又は益金の額に算入する。

法人税法施行令第122条の14（完全支配関係がある法人の間の取引の損益）

第1項　法第61条の13第1項（完全支配関係がある法人の間の取引の損益）に規定

する政令で定めるものは，次に掲げる資産とする。

一　法第61条の3第1項第1号（売買目的有価証券の評価益又は評価損の益金又
　　は損金算入等）に規定する売買目的有価証券（次号及び第4項第6号において
　　「売買目的有価証券」という。）

二　その譲渡を受けた他の内国法人（法第61条の13第1項の内国法人との間に完
　　全支配関係があるものに限る。以下この条において同じ。）において売買目的有
　　価証券とされる有価証券（前号又は次号に掲げるものを除く。）

三　その譲渡の直前の帳簿価額（その譲渡した資産を財務省令で定める単位に区分
　　した後のそれぞれの資産の帳簿価額とする。）が1,000万円に満たない資産（第1
　　号に掲げるものを除く。）

（2）　債権者（金融機関）

　債務者企業や保証人等から債権額の全部又は一部の返済が受けられない場
合に生ずる損失が，税務上の損金となるかが重要なポイントとなる。なお，
具体的な税務上の考え方については，第2章第2節「債権者に係る税務」を
参照いただきたい。

　B社が策定する計画が合理的な再建計画であり，B社の倒産を防止するた
めにやむを得ず行う金融支援であれば，その再建計画に基づく支援損は寄附
金に該当せず，税務上も損金となると考えられる。

　B社は実質債務超過ではあるものの，毎期経常利益を確保していることか
ら，不動産の含み損失を税務上の損金とできない限り，債権放棄など抜本的
な金融支援は過剰支援として寄附金認定されるリスクが想定される。そのた
め，不動産の含み損失を顕在化するスキームが実施されない限り，利率の見
直しやDDSなど支援損の発生しない金融支援策に限定せざるを得ないと思
われる。

（3） 経営者（社長 Y）

　債権者に対して金融支援を依頼する場合は，経営者責任を明確にするため役員報酬を減額するのが一般的である。再建計画の内容によっては，債権者から現経営者に対して退任が求められる場合もある。その場合には再建計画と併せて後継者等への事業承継を検討する必要がある。

①　役員報酬を減額した場合の問題

　役員報酬を含む給与所得は，契約や慣習等により支給日が定められているものは支給日に収入が確定することになる。そのため，支給日前に役員報酬を減額するのか，支給日後に役員報酬を返納するのかで税務上の取扱いが異なる。支給日後に返納する場合には，返納前の役員報酬額が所得税や住民税，社会保険料計算の基礎となるため，減額する時期については注意が必要である。

②　後継者への事業承継の問題

　債権者に対して債権放棄を依頼する再建計画を作成する場合には，経営者責任として現経営者が退任することが一般的である。

　後任の経営者へは会社の再建を託することになるため，強いリーダーシップと実行力が求められる。そのため，大企業の場合には経営者の経験のあるプロ経営者，会社や事業の再建を行う再生請負人（ターンアラウンドマネージャー）などを外部から招聘することも行われている。しかし，中小企業の場合には，外部から経営者を招聘することは現実的ではないため，現経営者の身内や社内から経営者に登用できる人材を探すことになる。

　中小企業の経営者は，会社の債務に対する連帯保証を行うのが一般的であるため，リスクを敬遠し，後継者の成り手が見つからない場合も少なくない。そのため，経営者責任の内容については後継者問題を含めて債権者と協議する必要がある。

（4） 保証人（社長Y）

　債務者企業が作成する再建計画が債権放棄を含むものである場合には，債務者企業による返済と保証人による保証履行を一体として検討する必要がある。

　B社が作成する再建計画が債権放棄を含む場合，保証人Yによる保証債務の取扱いも再建計画に織り込むことになる。所得税には保証債務を履行するために資産を譲渡した場合の課税の特例や，免責許可の決定等により債務免除を受けた場合の経済的利益の総収入金額不算入の規定がある。これら特例を受けるためには一定の要件を満たしている必要があるため，B社による返済と保証人Yによる返済を一体として検討することが重要である。

（5） 株主（社長Y）

　債務者企業が作成する再建計画が債権放棄を含むものである場合には，債務者企業は大幅な実質債務超過の状態であるため，株式の価値は無価値と思われる。そのため，債務者企業の株式を第三者や身内に無償で譲渡したとしても税務上の問題は生じない。

　また，債務者企業の再建にとって既存株主の存在が支障になる場合には，100％減資が行われる。減資は会社の資本金の額を減少させる手続きに過ぎず，既存株主の影響力を排除するためには，株式の消却を行う必要がある。会社法において消却できる株式は自己株式に限られているため，株主は債務者企業へ譲渡することになる。債務者企業の株式は無価値のため無償で譲渡したとしても税務上の問題は生じないと思われる。

3 | 事例研究③

1 事例の概要

鋼材の卸売業を営むC社は，3代目社長Yが株式の10％，創業者の妻である会長Lが株式の90％を保有している中小企業である。創業者はすでに亡くなっており，会長Lが2代目社長であったが，高齢のために数年前に当時営業部長であったYが3代目社長としてC社を経営していた。

創業当時に資材置き場として購入した土地が未使用だったため，会長Lが社長時代にテナント事業を始め，金融機関から資金調達を行い小規模なショッピングセンターを建設した。そして，地元のドラックストアや飲食店などと定期借地権契約を締結し，不動産の賃貸を行っていた。

ショッピングセンター建設の際の借入金に対しては会長Lが保証人となっており，その後Yが3代目社長に就任する際にYも保証人となっていた。会長Lと社長Yはともに自宅を保有していたが，金融機関の抵当権は設定されていなかった。

ショッピングセンター開業当時は，近隣住民だけでなく近郊からの車での買い物客で賑わっていたが，数年前に郊外に大型ショッピングセンターがオープンした影響で客数が徐々に減少し，建物の老朽化とともに空き物件が出始めていた。不動産の取得価額が安かったこともあるが，購入当時に比べ不動産の評価額は上がっており，含み益が発生している。

C社の決算書では資産超過となっていたが，売上債権の中には既に倒産し

ている会社宛のものが含まれている。また，棚卸資産の中に長期滞留在庫が
多額に計上されており，いずれも創業者が経営を行っていた時代に発生した
ものである。現社長のYが入社した時は会長Lが経営を行っていたため，創
業社長と面識はない。

　C社では不動産価値の高いうちに財務改善を図るため，テナント事業から
撤退し，不動産を売却する判断を行った。会長Lはこれを機に役員を退き，
保有株式の全てを譲ることにした。金融機関に対しては財務改善への取組み
意向を説明し，借入金の返済に関する支援協力の要請を行った。

　C社の決算書上の貸借対照表と財務デューデリジェンスにより判明した実
態貸借対照表は下記のとおりであった。

〈C社の決算上の対借貸照表〉

流動資産 700	流動負債 150
	固定負債 100
有形固定資産 700	金融機関からの借入金 1,100
投資その他の資産 5	純資産 55

【資産の調整】

流動資産の評価減	△300
有形固定資産の評価差額	200
リース資産の計上	20

【負債の調整】

| 未払い金の計上漏れ | 30 |
| 未経過リース料 | 20 |

〈C社の実態貸借対照表〉

流動資産 400	流動負債 150
	負債の追加 50
有形固定資産 900	固定負債 100
資産の追加 20	金融機関からの借入金 1,100
投資その他の資産 5	
	純資産 △75

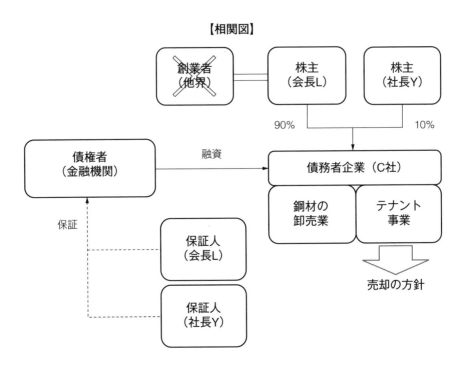

【相関図】

事例研究③の論点	
債務者企業	過年度申告の修正の問題
	不動産売却に係る消費税の問題
債権者	債務者企業から債権の全部又は一部の返済が受けられない場合の問題
取締役等	経営者責任の問題
保証人	連帯保証手続きの問題
株主	取引相場のない株式の評価の問題
	売主及び買主の課税関係の問題

2 ステークホルダー別の検討ポイント

（1） 債務者企業（C社）

　含み益のある不動産を売却したことによる売却益に対して，課税所得が発生しないかどうかが税務上重要なポイントとなる。また，回収不能の売上債権と長期滞留在庫があるため，これらを税務上の損金とする方法を検討する必要がある。

① 過年度申告の修正の問題

　売掛金や受取手形などの売上債権，あるいは貸付金などの金銭債権については，その債権の全部又は一部が法的手続きにより切り捨てられた場合には，その事実の発生した日を含む事業年度において損金算入が強制されている。この場合，損金経理要件はないため，会計上貸倒損失を計上していなくても別表で減算調整することができる。

　C社では貸倒れの事実の発生した事業年度では何ら税務処理を行っていないため，更正の請求により税務上の損金として認めてもらう必要がある。しかし，更正の請求期間は法定申告期限から原則として5年と定められているため，貸倒の事実の発生した事業年度が更正の請求期間を過ぎている場合には，事実を証明する書類に基づき所轄の税務署に相談の上，対応を検討する必要がある。長期滞留在庫については売却ないしは廃棄処分することで損金とすることができる。

② 不動産売却所に係る消費税の問題

　事業の一部から撤退する場合，撤退による影響と撤退後の姿を計画書にまとめ，債権者に示す必要がある。特に事業の一部から撤退する場合，会社の固定費が削減できるかどうかが重要なポイントである。

　C社の場合，鋼材の卸売事業とテナント事業で負担していた固定費を全て

鋼材の卸売事業で負担することになるため，固定費が削減できない場合はテナント事業撤退前に比べ会社全体の収益力が低下することになる。

　また，Ｃ社では，テナント事業からの撤退により不動産の売却を予定しているが，売却した事業年度の消費税申告には注意が必要である。

　消費税は，売上に係る消費税額等から仕入に係る消費税額等を控除して納付税額を計算する。仕入控除税額は課税売上割合を考慮して計算されるため，課税売上割合が大きいほど仕入控除税額も大きくなり，結果として納付する消費税額が小さくなる。Ｃ社の事業は鋼材の卸売事業とテナント事業のため，非課税売上は預金利息など少額であり，課税売上割合は100％に近い状況と推測される。テナント事業から撤退する際に土地を譲渡することが予定されているが，土地の譲渡は非課税売上のため，課税売上割合が小さくなり，例年に比べ消費税の納付税額が大きくなる可能性がある。

　たまたま土地の譲渡があったため，課税売上割合が事業者の実態を反映していないと認められる場合，課税売上割合に準ずる割合の適用承認申請書を提出し，適用の承認を受けた場合には，課税売上割合に代えて，課税売上割合に準ずる割合を用いて仕入控除税額の計算をすることができる（国税庁ホームページ／質疑応答事例／消費税「たまたま土地の譲渡があった場合の課税売上割合に準ずる割合の承認」参照）。

課税売上割合に準ずる割合		
適用要件：下記のいずれにも当てはまる場合		
	イ	個別対応方式により仕入控除税額の計算を行っている事業者
	ロ	土地の譲渡がなかったとした場合に，事業者の営業の実態に変動がなく，かつ，過去3年間で最も高い課税売上割合と最も低い課税売上割合の差が5%以内である。
準ずる割合：ハとニのいずれか低い割合		
	ハ	土地の譲渡があった課税期間の前3年に含まれる課税期間の通算課税売上割合
	ニ	土地の譲渡があった課税期間の前課税期間の課税売上割合

消 費 税 課 税 売 上 割 合 に
準 ず る 割 合 の 適 用 承 認 申 請 書

令和　年　月　日	（フリガナ）	（〒　　－　　）	
申請者	納　税　地	○○県　○○市 （電話番号　　　－　　　－　　　）	
	（フリガナ）		
	氏 名 又 は 名 称 及 び 代 表 者 氏 名	株式会社○○○	
○○　税務署長殿	法 人 番 号	※ 個人の方は個人番号の記載は不要です。	

収受印

下記のとおり、消費税法第30条第3項第2号に規定する課税売上割合に準ずる割合の適用の承認を受けたいので、申請します。

適用開始課税期間	自　令和　X6年　4月　1日　至　令和　X7年　3月　31日		
採用しようとする計算方法	前3年の課税期間の通算課税売上割合と前年の課税売上割合のうち、いずれか低い割合		
その計算方法が合理的である理由	単発的な土地の譲渡により課税売上割合が変動しており、事業実態が反映されないため。		
本来の課税売上割合	課税資産の譲渡等の対価の額の合計額	○○○,○○○,○○○ 円	左記の割合の算出期間
	資産の譲渡等の対価の額の合計額	○○○,○○○,○○○ 円	自 平成 令和 X3年 4月 1日 至 平成 令和 X6年 3月 31日
参 考 事 項			
税 理 士 署 名		（電話番号　　　－　　　－　　　）	

※　上記の計算方法につき消費税法第30条第3項第2号の規定により承認します。

_____ 第 _____ 号

税務署長 _____ 印

令和 ____ 年 ____ 月 ____ 日

※税務署処理欄	整理番号		部門番号		適用開始年月日		年　　月　　日	番号確認	
	申請年月日	年　月　日	入力処理		年　月　日	台帳整理	年　月　日		
	通信日付印　　年　月　日	確認							

注意　1．この申請書は、裏面の記載要領等に留意の上、2通提出してください。
　　　2．※印欄は、記載しないでください。

（2） 債権者（金融機関）

　債務者企業や保証人等から債権額の全部又は一部の返済が受けられない場合に生ずる損失が，税務上の損金となるかが重要なポイントとなる。なお具体的な税務上の考え方については，第2章第2節「債権者に係る税務」を参照いただきたい。

　債務者企業が財務改善のために事業の一部から撤退する場合，継続する事業の収益力を分析し，収益力に対して債権額が適正額かどうか検討する必要がある。分析の結果，債権額が過大と判断された場合には債務者企業と融資条件の見直し等を協議する必要があると考えられる。

（3） 経営者（会長L及び社長Y）

　売上債権の中に，既に倒産している取引先あてのものが含まれており，過去の決算書が会社の本来の業績を表していない状態である。債権者が融資をする検討資料として，決算書は重要性が高いため，経営者としての責任は重いと言わざるをえない。債権者の判断にもよるが，現経営者に対して退任を求められる場合もある。

　C社の場合，決算調整を行っていたのは創業者が経営を行っていた時代のものである。そのため，社長Yは直接関与しておらず，責任はないものの，取締役等として継続して経営に従事する場合には，債権者から役員報酬の減額など何らかの経営者責任を求められる場合がある。

（4） 保証人（会長L及び社長Y）

　中小企業の経営者は，金融機関からの借入金に対して連帯保証することが一般的であるが，会社の役員を退任し，株式を譲渡した場合には会社との関係がなくなるため，通常は連帯保証が解除される。保証人は主債務者に代

わって履行する義務を負っているに過ぎないため，保証を解除されたとしても所得税の問題は生じない。しかし，債務者企業が過剰債務状態であり，かつ，退任する役員に一定の信用力や財産がある場合には，保証の継続を要求される可能性がある。

民法の改正により，2020年4月1日以降に締結される融資の保証契約については，下記の者を除き，その締結日の前1か月以内に，公証人があらかじめ保証人になろうとする者から，直接その保証意思を確認して公正証書（保証意思宣明公正証書）を作成することが必要とされた。

保証意思宣明公正証書の作成が不要の者	
イ	会社等の法人が保証人になる場合
ロ	主たる債務者が法人である場合のその法人の理事，取締役等又は総株主の議決権の過半数を有する者
ハ	主たる債務者が個人ある場合の共同事業者又は主たる債務者が行う事業に従事しているその配偶者

債権者と協議の上，会長Lが退任後も保証人を継続する場合には，保証意思宣明書を記載し，公証人役場で手続きをする必要がある。

債務の保証をする時点において，既に債務者企業が資力を喪失しているにもかかわらず債務を保証することは，実質的には債務引受や私財提供をしたことと同じ状況と考えられる。そのため，求償権を行使できないことが明らかな状況で債務の保証を行った場合には，保証債務を履行するために資産を譲渡した場合の課税の特例は適用できないとされている。債務者企業の経営に関与していない者が債務の保証をする，あるいは物上保証をする場合には，債務者企業の財務状況を確認するなど細心の注意が必要である。

保証意思宣明書

貴方が、これからしようとしている根保証契約について、以下のことをお答え下さい。

1 当事者について

(1) 債権者の住所・氏名 （法人の場合は法人名と代表者名）	住所 フリガナ 氏名
(2) 主債務者の住所・氏名 （法人の場合は法人名と代表者名）	住所 フリガナ 氏名

2 根保証債務の内容について

(1) 主たる債務の範囲	
(2) 根保証契約の極度額	円
(3) 元本確定期日の定めの有無	□有・□無（有の場合は、その内容を記載して下さい。）

3 主債務者からの情報の提供について

　主債務者は、根保証人となることを依頼するときに、その依頼をする相手方に、①主債務者の財産及び収支の状況、②本件の主債務以外に負担している債務の有無並びにその額及び履行状況、③本件の主債務の担保として他に提供し、又は提供しようとするものがあるときは、その旨及びその内容に関する情報を提供しなければならないとされています。貴方は、主債務者から、このような情報の提供を受けたでしょうか。
　下記(1)又は(2)のいずれかの□に✓をして下さい。提供を受けた情報の内容その他補足することがあれば右の欄に記載して下さい。

□(1) 情報の提供を受けた。 □(2) 情報の提供を受けていない。	

4 保証債務を履行する意思について

　保証人は、債務者が債務を履行しないときには、極度額の限度において、元本確定期日又は元本を確定すべき事由が生ずる時までに生ずべき、① 主たる債務の元本、②主たる債務に関する利息、③違約金、④損害賠償（遅延損害金）、⑤その他主たる債務に従たる全てのもの（契約費用等）の全額について履行しなければなりません。債務者と連帯して保証債務を負担する場合には、債権者が債務者に催告したかどうか、債務者がその債務を履行することができるかどうか、又は他に保証人があるかどうかにかかわらず、その全額について履行しなければなりません。このことを理解した上で根保証契約を締結しようとしていますか。
　下記(1)又は(2)のいずれかの□に✓をして下さい。質問等があれば右の欄に記載して下さい。

□(1) 理解した上で、保証する。 □(2) 理解が不十分なので説明してほしい。	

5 その他の事項(任意:質問等があれば記載して下さい。)

　以上のとおり、相違ありません。

　　令和　　年　　月　　日

　嘱託人　住　所

　　　　　フリガナ

　　　　　氏　名

　　　　　生年月日（大正・昭和・平成）　　年　　月　　日生

（5） 株主（会長 L 及び社長 Y）

　中小企業の株式は上場会社の株式と異なり流通性がないため，売却時における時価を算定する必要がある。また，個人が株式を譲渡する相手が，個人か法人かで課税関係が異なるため注意が必要である。なお，財務デューデリジェンスの結果，実質債務超過であったとしても，財務デューデリジェンスの評価基準と税法の基準が一致しているとは限らないため，税法基準により評価した場合には株価が算定される場合があることに留意する必要がある。

　本事例においては，会長 L が保有株式の全てを譲る意向のため，株式を譲渡した場合の課税関係を確認しておく必要がある。

①　取引相場のない株式の評価の問題

　個人が保有する非上場株式を譲渡する場合，売買価格については買主との間で自由に決めることができるが，非上場会社の株式の買い手は身内や会社関係者などに限られるため，会社の決算書等に基づき評価額（時価）を算定し，売買するのが一般的である。具体的な評価方法は所得税法や施行規則には定められておらず，通達で示されている。

取引相場のない株式の評価方法	
イ	売買実例があるもの
	最近において売買の行われたもののうち適正と認められる価額
ロ	公開途上にある株式で，当該株式の上場又は登録に際して株式の公募又は売出しが行われるもの
	金融商品取引所又は日本証券業協会の内規によって行われるブックビルディング方式又は競争入札方式のいずれかの方式により決定される公募等の価格等を参酌して通常取引されると認められる価額
ハ	売買実例のないものでその株式の発行法人と事業の種類，規模，収益の状況等が類似する他の法人の株式等の価額があるもの
	当該価額に比準して推定した価額
二	イからハまでに該当しないもの
	権利行使日等又は権利行使日等に最も近い日におけるその株式の発行法人の１株又は１口当たりの純資産価額等を参酌して通常取引されると認められる価額

　中小企業の場合，売買実例のあるものや類似会社の価額があるものはほとんどないと思われるため，実質的に１株又は１口当たりの純資産価額等を参酌して通常取引されると認められる価額を求めることになる。

　しかし，この通達では具体的に計算することが困難なため，実務的には，所得税基本通達59-6に示されているように，財産評価基本通達178から187-7《取引相場のない株式の評価》を準用して価額を算定することになる。なお，財産評価基本通達を準用するに当たっては以下の条件が付されている。

財産評価基本通達を準用するに当たっての条件	
イ	株式を譲渡した個人が発行会社の同族株主かどうかは，株式を譲渡する直前の議決権数で判定すること
ロ	株式を譲渡した個人が譲渡直前において発行会社の中心的な同族株主に該当するときは，小会社として評価すること
ハ	発行会社が土地（土地の上に存する権利を含む）を保有しているときは，譲渡時における時価によること
ニ	発行会社が上場有価証券を保有しているときは，譲渡時における時価によること
ホ	1株当たりの純資産価額を算定する際に，評価差額に対する法人税等は控除しないこと

② 売主及び買主の課税関係の問題

　株式の譲渡価額が，税務上の評価額に対して適正な価額であれば，税務上の論点は生じないが，評価額に対して低額ないしは高額な価額の場合には，売主及び買主の双方にとって税務上の論点が生じる可能性がある。

（i） 適正価額による売買の場合

　個人が個人又は法人に対して適正な価額で売買した場合は，売主に譲渡所得がある場合に課税されるのみで，売主及び買主双方において税務上の論点は生じない。

　買主が個人の場合の時価の算定方法は財産評価基本通達によることとされており，発行会社が保有する不動産は路線価や固定資産税評価額を用いることになる。一方，売主である個人が，発行会社にとって中心的な同族株主に該当する場合には，発行会社が保有する不動産は時価になる。そのため，売主個人と買主個人の評価額が異なる場合があるため，留意が必要である。

　買主が法人の場合の時価の算定方法は法人税基本通達によるが，具体的な評価方法は所得税基本通達と同じ内容のため，評価額は同じになる。

【適正価額による売買の場合】

課税関係	評価方法 (時価の算定方法)	売主		買主	評価方法 (時価の算定方法)	課税関係
譲渡益があれば所得税 (譲渡所得)	所得税基本通達	個人		個人	財産評価基本通達	課税なし
譲渡益があれば所得税 (譲渡所得)	所得税基本通達	個人		法人	法人税基本通達	課税なし

(ii) 低額による売買の場合

個人が時価よりも低い価額で売買した場合は,買主が個人か法人かで課税関係が異なる。

買主が個人の場合,売主側では実際の譲渡価額により所得金額を計算し,譲渡所得がある場合に課税される。一方,買主側では時価よりも著しく低い価額で譲り受けた場合,時価との差額は贈与があったものとみなされ,株式の取得時点で贈与税が課税される可能性がある(相法7)。時価に対してどれだけの乖離があると著しく低い価額になるか明確な基準はないが,買主が個人の場合の評価方法が財産評価基本通達(相続税評価額)となっていることから,財産評価基本通達による評価額が1つの目安になると思われる。

買主が法人の場合,売主側では時価の2分の1未満で譲渡した場合には,時価で譲渡が行われたとみなして譲渡所得課税が行われる。一方,買主側では時価との差額は受贈益として取得時の事業年度の益金となる。

○関連条文・通達等

相続税法第7条(贈与又は遺贈により取得したものとみなす場合)

著しく低い価額の対価で財産の譲渡を受けた場合においては,当該財産の譲渡があつた時において,当該財産の譲渡を受けた者が,当該対価と当該譲渡があつた時にお

ける当該財産の時価（当該財産の評価について第三章に特別の定めがある場合には，
その規定により評価した価額）との差額に相当する金額を当該財産を譲渡した者から
贈与（当該財産の譲渡が遺言によりなされた場合には，遺贈）により取得したものと
みなす。ただし，当該財産の譲渡が，その譲渡を受ける者が資力を喪失して債務を弁
済することが困難である場合において，その者の扶養義務者から当該債務の弁済に充
てるためになされたものであるときは，その贈与又は遺贈により取得したものとみな
された金額のうちその債務を弁済することが困難である部分の金額については，この
限りでない。

【低額売買の場合】

課税関係	評価方法（時価の算定方法）	売主		買主	評価方法（時価の算定方法）	課税関係
譲渡益があれば所得税	所得税基本通達	個人		個人	財産評価基本通達	贈与税
譲渡益があれば所得税※みなし譲渡の規定あり	所得税基本通達	個人		法人	法人税基本通達	時価との差額：受贈益

（ⅲ） 高額による売買の場合

　個人が時価よりも高い価額で売買した場合においても，買主が個人か法人
かで課税関係が異なる。

　買主が個人の場合，売主側では実際の譲渡価額により所得金額を計算し，
譲渡所得がある場合に課税される。一方，買主側では株式の取得価額となり，
取得時点では課税関係は生じない。

　買主が法人の場合，売主側では実際の譲渡価額により所得金額を計算し，
譲渡所得がある場合に課税される。一方，買主側では時価を取得価額とし，
時価を超過する高額部分については，取得した事業年度の費用となる。この
場合，売主が買主の従業員であれば給与となり，源泉徴収が必要となる。ま

た，売主が買主の役員であれば役員賞与となるため損金不算入となる。

【高額売買の場合】

課税関係	評価方法 （時価の算定方法）	売主		買主	評価方法 （時価の算定方法）	課税関係
譲渡益があれば所得税	所得税基本通達	個人		個人	財産評価基本通達	課税なし
譲渡益があれば所得税	所得税基本通達	個人		法人	法人税基本通達	時価との差額：賞与又は役員賞与

4 | 事例研究④

1 事例の概要

　木材卸売業を営むD社は，社長Yが株式の70%，従業員持株会が30%を所有する中小企業である。D社は木材の調達を国内だけではなく，海外からも自社で輸入を行っており，各地の材木店，工務店，建具店を中心に販売していた。木材は産地の事情により必要な量を常に仕入れられるわけではないため，見込み仕入とならざるを得ず，D社も多くの在庫を抱えていた。木材の多くは建築資材として利用されているため，木材卸売業は新設住宅着工戸数の動向に大きく左右されており，国内市場は縮小傾向である。市場規模が縮小する影響を受け，D社の取引先も倒産や廃業が相次いでいた。

　D社は各地に材木を保管するための広大な敷地を複数所有していたため，業界の将来性を危惧し，金融機関からの融資を受けて物流倉庫を中心とした，不動産賃貸業への転換を進めていた。

　社長Yは金融機関からの借入金に対して連帯保証を行っているが，自宅は配偶者に贈与していたため，D社株式以外に財産は所有していない。

　D社は金融機関へ毎期決算書を提出しているが，社長Yは赤字決算にしてしまうと融資が受けられなくなると考えていた。社長Yは従業員や取引先に迷惑をかけたくないという考えから，木材卸売業からの撤退を決断できず，架空売上や架空仕入の計上，在庫調整により黒字決算を続けていた。業績が回復したら正しく戻せばよいという発想から決算調整を始めたところ，その

後も木材卸売業の収支は改善することなく悪化傾向が続き，D社は決算調整を繰り返していた。

　社長Yは決算調整を繰り返すことへの限界と，木材卸売業の回復は望めないと判断し，撤退を決断した。社長Yは金融機関に対して事業撤退を報告し，撤退に伴う費用と不動産開発に係る資金協力を依頼した。

　D社の決算書上の貸借対照表と財務デューデリジェンスにより判明した実態貸借対照表は下記のとおりであった。なお，流動資産の中には従業員持株会への貸付金が含まれていた。

〈D社の決算上の貸借対照表〉

流動資産 600	流動負債 300
	固定負債 450
	経営者借入金 100
有形固定資産 1,100	金融機関からの借入金 800
投資その他の資産 50	純資産 100

【資産の調整】

流動資産の評価減	△200
有形固定資産の評価差額	△100
リース資産の計上	20

【負債の調整】

流動負債の計上漏れ	100
未経過リース料	20

〈D社の実態貸借対照表〉

流動資産 400	流動負債 300
	負債の追加 120
有形固定資産 1,000	固定負債 450
	経営者借入金 100
資産の増加 20	金融機関からの借入金 800
投資その他の資産 50	
純資産 △300	

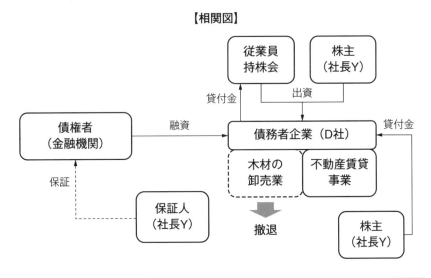

【相関図】

事例研究④の論点	
債務者企業	仮装経理による決算調整があった場合の問題
	従業員持株会への貸付金がある場合の問題
債権者	債務者企業から債権の全部又は一部の返済が受けられない場合の問題
取締役等	債務者企業に対する貸付金がある場合の問題
保証人	個人財産を贈与する場合の問題
株主	従業員持株会に借入金がある場合の問題

2 ステークホルダー別の検討ポイント

（1） 債務者企業（D社）

　過去の決算において仮装経理により過大に法人税等を納付している場合，還付を受けることができるのかどうかがポイントとなる。また，従業員持株会に対する貸付金の取扱いにも注意が必要である。

①　仮装経理による決算調整があった場合の問題

2009年3月に企業会計基準委員会より「会計上の変更及び誤謬の訂正に関する会計基準（以下，「過年度遡及会計基準」という）」が公表され，2011年4月1日以後開始事業年度から適用されている。この基準の公表を受け，2011年10月に国税庁より，その他法令解釈に関する情報として「法人が《会計上の変更及び誤謬の訂正に関する会計基準》を適用した場合の税務処理について」が公表されている。

法人が過年度の売上の計上漏れや費用の過大計上など，会計処理の誤りがあったために会計上の修正処理を行う場合，税務上も過年度の課税所得金額の是正が必要になる場合があり，その場合は更正の請求あるいは修正申告を行うことになる。

過年度遡及会計基準が導入される前は，仮装経理をした事業年度後の事業年度の決算において，前期損益修正損等として決算書に修正したことを明らかにし，法人税申告書別表四で加減算調整を行い，仮装経理の内容が分かる資料を添付して税務署の確認を受けていた。過年度遡及会計基準導入後は，仮装経理による過年度の影響額を損益計算書ではなく，当期首の資産，負債及び純資産の額に反映させ，修正した内容等を注記することとされた。これを受け，税務では法人税申告書別表五（一）の期首残高を直接修正することとされた。

仮装経理により所得金額を過大に申告していたために，更正の請求をして仮装経理に係る法人税額（「仮装経理法人税額」という）の還付を受ける場合，仮装経理法人税額は一括で還付を受けることができず，更正の日の属する事業年度開始の日前1年以内に開始する事業年度の法人税額から還付される（法法135②）。還付しきれない場合は，更正の日の属する事業年度開始の日から5年経過する日の属する各事業年度の法人税額から順次控除され（法法

70），5年経過後に仮装経理法人税額が残っている場合は，5年経過した日の属する事業年度に還付されることとなる（法法135③）。なお，一定の企業再生手続きを行っている場合には，その事実が生じた日以後1年以内に，仮装経理により納付した法人税額の還付を請求することができるため，更正の請求手続きを忘れずに行う必要がある。

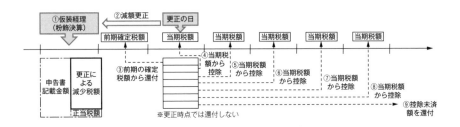

一定の企業再生手続き		
イ	更生手続き開始の決定があったこと	
ロ	再生手続き開始の決定があったこと	
ハ	ロに準ずる事実があったこと	
	（ⅰ）	特別清算開始の決定があったこと
	（ⅱ）	再生計画認可の決定があったことに準ずる事実（公表された準則による手続き）
	（ⅲ）	債権者集会の協議決定で合理的な基準により債務者の負債整理を定めているもの
	（ⅳ）	行政機関，金融機関その他第三者のあっせんによる当事者間の協議による上記（ⅲ）に準ずる内容の契約の締結

<table>
<tr><td colspan="2" align="center">仮装経理に基づく過大申告の場合の更正に
伴う　法　人　税　額　の還付請求書
　　　地方法人税額</td><td>※整理番号
※連結グループ整理番号</td></tr>
</table>

税務署受付印	提出法人　☑□ 単　連 体　結 法　親 人　法 　　人	納　税　地　　電話（　　）　　－ （フリガナ） 法人名等　　**株式会社○○○** 法　人　番　号 （フリガナ） 代表者氏名 代表者住所

令和　年　月　日

○○　税務署長殿

<table>
<tr><td rowspan="6">連結子法人（届出の対象が連結子法人である場合に限り記載）</td><td>（フリガナ）
法　人　名　等</td><td></td><td rowspan="6">※税務署処理欄</td><td>整　理　番　号</td><td></td></tr>
<tr><td rowspan="2">本店又は主たる
事務所の所在地</td><td>〒　　（　局　署）
電話（　　）　　－</td><td>部　　　門</td><td></td></tr>
<tr><td>決　算　期</td><td></td></tr>
<tr><td>（フリガナ）
代表者氏名</td><td></td><td>業種番号</td><td></td></tr>
<tr><td rowspan="2">代表者住所</td><td rowspan="2">〒</td><td>整　理　簿</td><td></td></tr>
<tr><td>回付先</td><td>□ 親署 ⇒ 子署
□ 子署 ⇒ 調査課</td></tr>
</table>

法人税法第135条第4項　の規定に基づき、下記のとおり　仮装経理法人税額　の還付を請求します。
地方法人税法第29条第4項　　　　　　　　　　　　　仮装経理地方法人税額

記

仮装経理法人税額				仮装経理地方法人税額			
仮装経理に基づく過大申告の対象（連結）事業年度		自 平成・令和 X2年 4月 1日 至 平成・令和 X3年 3月31日		仮装経理に基づく過大申告の更正の対象課税事業年度		自 平成・令和 X2年 4月 1日 至 平成・令和 X3年 3月31日	
仮装経理に基づく過大申告の更正に伴う法人税の減少額		**4,853,000**		仮装経理に基づく過大申告の更正に伴う地方法人税の減少額		**213,000**	
還付を受けようとする税額の計算	区　分	請求金額	※金　額	還付を受けようとする税額の計算	区　分	請求金額	※金　額
	仮装経理に基づく過大申告の更正に伴う法人税の減少額 1	**4,853,000**			仮装経理に基づく過大申告の更正に伴う地方法人税の減少額 5	**213,000**	
	還付法人税額 2	**3,251,000**			還付地方法人税額 6	**143,000**	
	繰越控除された法　人　税　額 3				繰越控除された地方法人税額 7		
	仮装経理法人税額 （1－2－3）4	**1,602,000**			仮装経理地方法人税額 （5－6－7）8	**70,000**	
法人税法第135条第4項に規定する事実の生じた日		平成・令和 X6年10月 1日		地方法人税法第29条第4項に規定する事実の生じた日		平成・令和 X6年10月 1日	

（生じた事実の詳細）
中小企業再生支援スキームにより再生計画を策定し、債権者の合意が得られた。

（その他参考となるべき事項）

還付を受けようとする金融機関等	1　銀行等の預金口座に振込みを希望する場合 　　銀行　　　　　　　　　　　　　本店・支店 　　金庫・組合　　　　　　　　　　出　張　所 　　漁協・農協　　　　　　　　　　本所・支所 　　預金 口座番号	2　ゆうちょ銀行の貯金口座に振込みを希望する場合 　　貯金口座の記号番号　　　　－ 3　郵便局等の窓口での受取を希望する場合 　　郵便局名等

② 従業員持株会への貸付金がある場合の問題

　中小企業の従業員持株会は自社株式の分散を防止する観点から，退会する従業員がいる場合，持株会が規約等により定められた評価額により買取りを行っているケースが多い。中小企業の株式は，取引相場がないため現金化する機会がなく，持株会の運営資金や買取り資金の調達は会員による拠出金に依存している。そのため，新規会員数よりも退会会員数の方が多い場合，資金不足が生じ，会社から融資をするケースがある。

　資金不足の補填を目的とした持株会への貸付金は，実質的に回収することが困難であり，会員数の動向によっては貸付金額が増加することとなる。持株会への貸付金については，税務上の論点が多いため，注意が必要である。

従業員持株会への貸付金の取扱い	税務上の論点
貸倒損失を計上する	損金性の問題
債権放棄をする	会員への給与所得課税の問題
	給与所得に対する源泉所得税の問題
自社株式による代物弁済を受ける	自社株式の評価の問題
	会員への譲渡所得課税の問題
	会員へのみなし配当課税の問題
	みなし配当に対する源泉所得税の問題
自己株式の取得として処理する	既存株主へのみなし配当所得の問題
	みなし配当に対する源泉所得税の問題

○関連条文・通達等

法人税法第135条（仮装経理に基づく過大申告の場合の更正に伴う法人税額の還付の特例）

　第1項　内国法人の提出した確定申告書又は連結確定申告書に記載された各事業年度

の所得の金額又は各連結事業年度の連結所得の金額が当該事業年度又は連結事業年度の課税標準とされるべき所得の金額又は連結所得の金額を超え，かつ，その超える金額のうちに事実を仮装して経理したところに基づくものがある場合において，税務署長が当該事業年度の所得に対する法人税又は当該連結事業年度の連結所得に対する法人税につき更正をしたとき（当該内国法人（当該内国法人が連結親法人である場合には，その事実を仮装して経理したところに基づく金額を有する連結法人。以下この項において同じ。）につき当該事業年度又は連結事業年度終了の日から当該更正の日の前日までの間に第3項各号又は第4項各号に掲げる事実が生じたとき及び当該内国法人を被合併法人とする単体間適格合併（連結法人以外の法人が当該法人を被合併法人とし，連結法人以外の他の法人を合併法人とする適格合併を行う場合の当該適格合併をいう。以下第3項までにおいて同じ。）又は連結内適格合併（連結子法人が当該連結子法人を被合併法人とし，当該連結子法人との間に連結完全支配関係がある他の連結法人を合併法人とする適格合併を行う場合の当該適格合併をいう。以下第3項までにおいて同じ。）に係る合併法人につき当該単体間適格合併又は連結内適格合併の日から当該更正の日の前日までの間に当該事実が生じたときを除く。）は，当該事業年度の所得に対する法人税又は当該連結事業年度の連結所得に対する法人税として納付された金額で政令で定めるもののうち当該更正により減少する部分の金額でその仮装して経理した金額に係るもの（以下この条において「仮装経理法人税額」という。）は，次項，第3項又は第7項の規定の適用がある場合のこれらの規定による還付金の額を除き，還付しない。

第2項 前項に規定する場合において，同項の内国法人（当該内国法人が同項の更正の日の前日までに単体間適格合併又は連結内適格合併により解散をした場合には，当該単体間適格合併又は連結内適格合併に係る合併法人。以下この項において同じ。）の前項の更正の日の属する事業年度（連結子法人が第4条の5第1項又は第2項（第4号及び第5号に係る部分に限る。）（連結納税の承認の取消し等）の規定により第4条の2（連結納税義務者）の承認を取り消された場合（第15条の2第1項（連結事業年度の意義）に規定する連結親法人事業年度開始の日にその承認を取り消された場合を除く。）のその取り消された日の前日の属する事業年度（次項において「取消前事業年度」という。）を除く。）開始の日前1年以内に開始する各事業年度の所得に対する法人税又は当該更正の日の属する第15条の2第1項に規定する連結親法人事業年度開始の日前1年以内に開始する各連結事業年度の連結所得

に対する法人税の額（附帯税の額を除く。）で当該更正の日の前日において確定しているもの（以下この項において「確定法人税額」という。）があるときは，税務署長は，その内国法人に対し，当該更正に係る仮装経理法人税額のうち当該確定法人税額（既にこの項の規定により還付をすべき金額の計算の基礎となつたものを除く。）に達するまでの金額を還付する。

第3項　第1項の規定の適用があつた内国法人（当該内国法人が単体間適格合併又は連結内適格合併により解散をした場合には当該単体間適格合併又は連結内適格合併に係る合併法人とし，当該内国法人が連結親法人である場合には同項の事実を仮装して経理したところに基づく金額を有する連結法人（当該連結法人が連結内適格合併により解散をした場合には，当該連結内適格合併に係る合併法人）とする。以下この条において「適用法人」という。）について，同項の更正の日の属する事業年度（取消前事業年度を除く。）開始の日（当該更正が当該単体間適格合併に係る被合併法人の各事業年度の所得に対する法人税について当該単体間適格合併の日前にされたものである場合には，当該被合併法人の当該更正の日の属する事業年度開始の日）から5年を経過する日の属する事業年度の第74条第1項（確定申告）の規定による申告書の提出期限又は当該更正の日の属する第15条の2第1項に規定する連結親法人事業年度開始の日から5年を経過する日の属する連結事業年度の第81条の22第1項（連結確定申告）の規定による申告書の提出期限（当該更正の日から当該5年を経過する日の属する事業年度又は当該5年を経過する日の属する連結事業年度終了の日までの間に当該適用法人につき次の各号に掲げる事実が生じたときは，当該各号に定める提出期限。以下この項及び第8項において「最終申告期限」という。）が到来した場合（当該最終申告期限までに当該最終申告期限に係る申告書の提出がなかつた場合にあつては，当該申告書に係る期限後申告書の提出又は当該申告書に係る事業年度若しくは連結事業年度の法人税についての決定があつた場合）には，税務署長は，当該適用法人（当該適用法人が連結子法人である場合には，当該適用法人に係る連結親法人）に対し，当該更正に係る仮装経理法人税額（既に前項，この項又は第7項の規定により還付すべきこととなつた金額及び第70条（仮装経理に基づく過大申告の場合の更正に伴う法人税額の控除）又は第81条の16（仮装経理に基づく過大申告の場合の更正に伴う法人税額の連結事業年度における控除）の規定により控除された金額を除く。）を還付する。

第4項　適用法人につき次に掲げる事実が生じた場合には，当該適用法人（当該適用

法人が連結子法人である場合には，当該適用法人に係る連結親法人。第6項及び第7項において同じ。）は，当該事実が生じた日以後1年以内に，納税地の所轄税務署長に対し，その適用に係る仮装経理法人税額（既に前2項又は第7項の規定により還付されるべきこととなつた金額及び第70条又は第81条の16の規定により控除された金額を除く。第6項及び第7項において同じ。）の還付を請求することができる。

一　省略

二　再生手続開始の決定があつたこと。

三　前2号に掲げる事実に準ずる事実として政令で定める事実

法人税法第70条（仮装経理に基づく過大申告の場合の更正に伴う法人税額の控除）

　内国法人（連結法人を除く。）の各事業年度開始の日前に開始した事業年度（当該各事業年度終了の日以前に行われた当該内国法人を合併法人とする適格合併に係る被合併法人（連結法人を除く。）の当該適格合併の日前に開始した事業年度（以下この条において「被合併法人事業年度」という。）を含む。）の所得に対する法人税につき税務署長が更正をした場合において，当該更正につき第135条第1項（仮装経理に基づく過大申告の場合の更正に伴う法人税額の還付の特例）の規定の適用があつたときは，当該更正に係る同項に規定する仮装経理法人税額（既に同条第2項，第3項又は第7項の規定により還付されるべきこととなつた金額及びこの条の規定により控除された金額を除く。）は，当該各事業年度（当該更正の日（当該更正が被合併法人事業年度の所得に対する法人税につき当該適格合併の日前にしたものである場合には，当該適格合併の日）以後に終了する事業年度に限る。）の所得に対する法人税の額から控除する。

（2）　債権者（金融機関）

　債務者企業や保証人等から債権額の全部又は一部の返済が受けられない場合に生ずる損失が，税務上の損金となるかが重要なポイントとなる。なお，具体的な税務上の考え方については，第2章第2節「債権者に係る税務」を参照いただきたい。

債務者企業が財務改善のために既存事業から撤退し，事業転換を図る場合，事業再構築の具体的内容や資金調達計画，収支計画などを検証する必要がある。既存事業からの撤退費用に加え，新規事業の立ち上げに係る設備投資資金や新規事業が軌道に乗るまでの運転資金など，債務者企業にとって資金需要が大きくなる。債務者企業との取引関係を継続するのかどうか，あるいは新規事業に係る融資に対応するのかどうかの判断は，事業再構築の実現可能性によるため，慎重に見極める必要がある。

（3）　経営者（個人Y）

　中小企業では一時的な資金不足が見込まれる場合や経常的に資金繰りが厳しい場合に，経営者自らの現預金を会社に貸し付けることがある。得意先から入金があった時，あるいは会社の資金繰りが改善した時に返済を受けることを想定しているものの，現実的には貸付金が累積してしまうケースが少なくない。債務者企業に金融機関からの借入金がある場合，契約どおりに返済が行われていれば問題はないが，返済が滞っている場合には，経営者からの借入金の返済順序は劣後することが一般的なため，個人の立場から見ると長期間返済を受けられない貸付金が残ることになる。

　経営者に相続が発生した場合，貸付金は貸付金債権等として相続財産となり，元本の価額に利息相当額を合計した金額によって評価することとされている（財基通204）。貸付先が破産している，あるいは法的再生手続中であるなど一定の事実が生じている場合には，回収可能な金額をもって評価額とすることができるが（財基通205），事業を継続している企業に対する貸付金債権等の評価額を見直すことは，現実的に難しいと思われる。役員借入金を解消する方法はいくつか考えられるが，それぞれに税務上の論点があるため，どのように処理するのか検討が必要である。

経営者借入金を解消する具体的方法	税務上の論点
債務者企業にそのまま残す	経営者の相続財産の問題
役員報酬を減額し，返済を行う	減額する時期の問題
	役員退職金の算定方法への影響の問題
債権放棄をする	債務免除益課税の問題
	債務者企業の株式評価の問題
	債権放棄した株主からその他株主への贈与の問題
会社保有資産で代物弁済する	給付資産の評価額と借入金額に差額がある場合の問題
資本に振り替える（デット・エクイティ・スワップ）	経営者借入金の評価額の問題
	経営者借入金の評価額と元本金額に差額がある場合の問題

○関連条文・通達等

財産評価基本通達204（貸付金債権の評価）

　貸付金，売掛金，未収入金，預貯金以外の預け金，仮払金，その他これらに類するもの（以下「貸付金債権等」という。）の価額は，次に掲げる元本の価額と利息の価額との合計額によって評価する。

　（1）貸付金債権等の元本の価額は，その返済されるべき金額

　（2）貸付金債権等に係る利息（208≪未収法定果実の評価≫に定める貸付金等の利子を除く。）の価額は，課税時期現在の既経過利息として支払を受けるべき金額

財産評価基本通達205（貸付金債権等の元本価額の範囲）

　前項の定めにより貸付金債権等の評価を行う場合において，その債権金額の全部又は一部が，課税時期において次に掲げる金額に該当するときその他その回収が不可能又は著しく困難であると見込まれるときにおいては，それらの金額は元本の価額に算入しない。

（1）債務者について次に掲げる事実が発生している場合におけるその債務者に対して有する貸付金債権等の金額（その金額のうち，質権及び抵当権によって担保されて

いる部分の金額を除く。)

　イ　手形交換所（これに準ずる機関を含む。）において取引停止処分を受けたとき

　ロ　会社更生法（平成 14 年法律第 154 号）の規定による更生手続開始の決定が
あったとき

　ハ　民事再生法（平成 11 年法律第 225 号）の規定による再生手続開始の決定が
あったとき

　ニ　会社法の規定による特別清算開始の命令があったとき

　ホ　破産法（平成 16 年法律第 75 号）の規定による破産手続開始の決定があったと
き

　ヘ　業況不振のため又はその営む事業について重大な損失を受けたため，その事業
を廃止し又は 6 か月以上休業しているとき

(2) 更生計画認可の決定，再生計画認可の決定，特別清算に係る協定の認可の決定又
は法律の定める整理手続によらないいわゆる債権者集会の協議により，債権の切捨
て，棚上げ，年賦償還等の決定があった場合において，これらの決定のあった日現
在におけるその債務者に対して有する債権のうち，その決定により切り捨てられる
部分の債権の金額及び次に掲げる金額

　イ　弁済までの据置期間が決定後 5 年を超える場合におけるその債権の金額

　ロ　年賦償還等の決定により割賦弁済されることとなった債権の金額のうち，課税
時　期後 5 年を経過した日後に弁済されることとなる部分の金額

(3) 当事者間の契約により債権の切捨て，棚上げ，年賦償還等が行われた場合におい
て，それが金融機関のあっせんに基づくものであるなど真正に成立したものと認め
るものであるときにおけるその債権の金額のうち（2）に掲げる金額に準ずる金額

（4）　保証人（個人 Y）

　中小企業の経営者は金融機関からの借入金に対して連帯保証することが一
般的である。主債務者である債務者企業が，金融機関と締結した契約どおり
に返済している間は，保証人に対して保証履行を請求してくることはほとん
どない。経営者としては万が一のことがあった場合に備え，生活基盤を確保
するために自分名義の財産を配偶者に贈与することを検討する場合がある。

個人が贈与により財産を取得した場合は贈与税が課税されるが，一定の要件を満たす配偶者間の贈与については，贈与税の基礎控除（110万円）のほかに，最高2,000万円まで配偶者控除額として控除することができる特例がある（相法21の6）。

贈与税の配偶者控除の適用要件		
イ	婚姻期間が20年以上である	
ロ	贈与する財産が下記のいずれかである（日本国内に所在するものに限る）	
	i	専ら居住の用に供する土地
	ii	専ら居住の用に供する土地の上に存する権利
	iii	専ら居住の用に供する家屋
	iv	上記iからiiiを取得するための金銭
ハ	贈与を受けた年の翌年3月15日までに，贈与により取得した居住用不動産又は贈与を受けた金銭で取得した居住用不動産に居住していること	
ニ	居住の用に供した後も引き続き居住の用に供する見込みであること	

配偶者への居住用財産の贈与は，債権者の立場から見ると経営者ないしは保証人の財産が減少することになる。主債務者からの返済が滞り，保証人に対して保証債務の履行請求がされる場合，配偶者への居住用財産の贈与が詐害行為として訴えられる可能性があるため，贈与するタイミング等には注意が必要である。

○**関連条文・通達等**

相続税法第21条の6（贈与税の配偶者控除）

第1項 その年において贈与によりその者との婚姻期間が20年以上である配偶者から専ら居住の用に供する土地若しくは土地の上に存する権利若しくは家屋でこの法律の施行地にあるもの（以下この条において「居住用不動産」という。）又は金銭を取得した者（その年の前年以前のいずれかの年において贈与により当該配偶者から取得した財産に係る贈与税につきこの条の規定の適用を受けた者を除く。）が，当

該取得の日の属する年の翌年 3 月 15 日までに当該居住用不動産をその者の居住の用に供し，かつ，その後引き続き居住の用に供する見込みである場合又は同日までに当該金銭をもつて居住用不動産を取得して，これをその者の居住の用に供し，かつ，その後引き続き居住の用に供する見込みである場合においては，その年分の贈与税については，課税価格から 2,000 万円（当該贈与により取得した居住用不動産の価額に相当する金額と当該贈与により取得した金銭のうち居住用不動産の取得に充てられた部分の金額との合計額が 2,000 万円に満たない場合には，当該合計額）を控除する。

第 2 項　前項の規定は，第 28 条第 1 項に規定する申告書（当該申告書に係る期限後申告書及びこれらの申告書に係る修正申告書を含む。）又は国税通則法第 23 条第 3 項（更正の請求）に規定する更正請求書に，前項の規定により控除を受ける金額その他その控除に関する事項及びその控除を受けようとする年の前年以前の各年分の贈与税につき同項の規定の適用を受けていない旨を記載した書類その他の財務省令で定める書類の添付がある場合に限り，適用する。

相続税法施行規則第 9 条（贈与税の配偶者控除の適用を受ける場合の添付書類）

　法第 21 条の 6 第 2 項に規定する財務省令で定める書類は，次に掲げる書類とする。

一　戸籍の謄本又は抄本及び戸籍の附票の写し（法第 21 条の 6 第 1 項の財産の贈与を受けた日から 10 日を経過した日以後に作成されたものに限る。）

二　法第 21 条の 6 第 1 項の財産の贈与を受けた者が取得した同項に規定する居住用不動産に関する登記事項証明書その他の書類で当該贈与を受けた者が当該居住用不動産を取得したことを証するもの

相続税法第 21 条の 6（贈与税の配偶者控除）

第 4 項　前 2 項に定めるもののほか，贈与をした者が第 1 項に規定する婚姻期間が 20 年以上である配偶者に該当するか否かの判定その他同項の規定の適用に関し必要な事項は，政令で定める。

相続税法施行令第 4 条の 6（贈与税の配偶者控除の婚姻期間の計算及び居住用不動産の範囲）

第 1 項　法第 21 条の 6 第 1 項に規定する贈与をした者が同項に規定する婚姻期間が

20年以上である配偶者に該当するか否かの判定は，同項の財産の贈与の時の現況によるものとする。

第2項 法第21条の6第1項に規定する婚姻期間は，同項に規定する配偶者と当該配偶者からの贈与により同項に規定する居住用不動産又は金銭を取得した者との婚姻につき民法第739条第1項（婚姻の届出）の届出があつた日から当該居住用不動産又は金銭の贈与があつた日までの期間（当該期間中に当該居住用不動産又は金銭を取得した者が当該贈与をした者の配偶者でなかつた期間がある場合には，当該配偶者でなかつた期間を除く。）により計算する。

（5） 株主（従業員持株会）

　従業員持株会の運営資金は会員からの拠出金により賄われているが，新規会員数よりも退会会員数の方が多い場合，持株会の資金が不足するため，既存会員からの追加拠出ではなく，会社から融資を受けることが多い。会社からの融資により退会会員から買い取った自社株式は，会員には分配されずに所有者の帰属が曖昧な状態になっているケースが多い。

　民法上の組合として組成された従業員持株会の組合財産は，会員の共有とされており，持株会内では出資額に応じた持分を会員が保有しているとされている。そのため，持株会が会社から融資を受けた場合，会員が持分割合に応じた未分配株式と借入金を保有していることとなると思われる。しかし，退会時には拠出金により分配を受けた持株の売買が行われるだけで，未分配株式や借入金の清算は行われていないと思われる。

　従業員持株会が借入金を有している場合には，（3）で示したような税務上の論点があるため，解消方法を検討する上で注意が必要である。

1 事例の概要

老舗の料亭を営むE社は，社長Yが株式の70％，社長の妹Tが20％，その他社長の親族6名が計10％を所有する中小企業である。E社は社長Yの祖父が約100年前に個人創業し，社長の父の代で法人成りしている。法人成りした際，親族6名に株主になってもらったそうである。店舗の土地は個人名義であり，社長の父の相続の際に，社長YはE社株式と事業用土地，社長の姉Zは事業用土地，社長の妹TはE社株式を引き継いでいる。事業用土地は継続して活用されているが，社長Yと姉Zへの賃料の支払いはない。また，金融機関からの借入金に対して，社長Yと姉Zが所有する事業用土地を担保提供し，社長Yは個人保証を行っていた。

E社は主に企業の接待や商談の場として利用されることが多く，団体客や宴会用の大広間を複数持っていた。しかし，リーマンショック以降，主要顧客であった企業や団体の利用が大幅に減少し，厳しい業績が続いていた。

E社では既存設備の老朽化が目立ち，改装等が必要であったため，主要顧客を個人客に転換するために金融機関からの融資を受けて店舗の改築を行うこととなった。

金融機関に融資を依頼したところ，収益力に対して借入金額が過大であると指摘を受け，外部専門家に協力してもらい新規融資分の返済を含めた事業計画書を作成することになった。外部専門家による財務デューデリジェンス

を行ったところ，経理担当者による経費の使い込みが発覚した。

E社の決算書上の貸借対照表と財務デューデリジェンスにより判明した実態貸借対照表は下記のとおりであった。なお，流動資産には社長Yに対する貸付金が計上されていた。

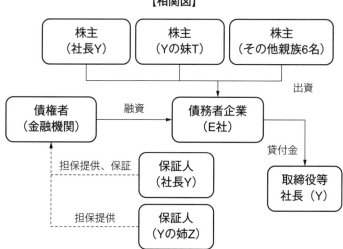

〈決算上の貸借対照表〉

流動資産 30	流動負債 20
有形固定資産 300	金融機関からの借入金 200
無形形固定資産 10	純資産 150
投資その他資産 30	

【資産の調整】

流動資産の評価減	△10
有形固定資産の評価差額	△150
無形固定資産の償却不足	△5
借地権の計上	10
投資その他資産の評価減	△20

【負債の調整】

| 流動負債の計上漏れ | 20 |
| 従業員退職金の計上漏れ | 10 |

〈実態貸借対照表〉

流動資産 20	流動負債 20
有形固定資産 150	負債の追加 30
無形形固定資産 5	
無形形固定資産の追加 10	金融機関からの借入金 200
投資その他資産 10	
純資産 △55	

【相関図】

株主（社長Y）　株主（Yの妹T）　株主（その他親族6名）

出資

債権者（金融機関）　融資　債務者企業（E社）

貸付金

担保提供、保証　保証人（社長Y）

取締役等社長（Y）

担保提供　保証人（Yの姉Z）

事例研究⑤の論点		
債務者企業	会社関係者以外の者による不法行為等があった場合の問題	
	取締役等や従業員など会社関係者による不法行為等があった場合の問題	
	個人所有土地の上に法人名義の建物がある場合の問題	
債権者	債務者企業から債権の全部又は一部の返済が受けられない場合の問題	
取締役等	個人所有土地の上に法人名義の建物がある場合の問題	
	個人保有の事業用資産を債務者企業へ私財提供する場合の問題	
	債務者企業からの借入金がある場合の問題	
保証人	経営に関与していない者が保有する土地を法人名義に変更する場合の問題	
株主	名義株主がいる場合の問題	

2 ステークホルダー別の検討ポイント

（1） 債務者企業（E社）

　法人が不法行為等によって損害を受けた場合，通常，その相手方に対して損害賠償を請求することになる。この場合，損害に伴う損失の損金算入時期と損害賠償額等の益金算入時期が税務上のポイントとなる。また中小企業の場合，経営者等の個人が所有している土地の上に法人が建物を建てている場合があるが，権利金の有無や支払地代の金額によっては，借地権の問題が発生する。

① 会社関係者以外の者による不法行為等があった場合の問題

　会社の取引先やその他第三者の不法行為等により損害を受けた場合，損害による損失額はその損害が生じた事業年度における損金となる。一方，これらの者から支払いを受ける損害賠償金等については，その支払いを受けるべきことが確定した日の属する事業年度の益金となる。しかし支払いを受けることが確定したとしても，相手方の支払能力等から実際に支払われるか不確

実であることから，実際に支払いを受けた日の属する事業年度に益金として処理している場合は，税務上も認められている（法基通2-1-43）。

② 取締役等や従業員など会社関係者による不法行為等があった場合の問題

税務調査や財務デューデリジェンスによって，取締役等又は従業員による経費の使い込みや着服横領が発覚することがある。着服横領等の方法は多岐にわたるが，売上の計上が漏れているケースと経費が過大に計上されているケースに大別することができる。

売上の計上が漏れているケース				
事例：売上代金を着服していた				
会社の会計処理	経理処理なし			
正しい会計処理	現金預金	○○○	売上	○○○
税務上の修正処理	横領損失 ※損害に伴う損失が発生する	○○○	売上	○○○
	貸付金 ※損害賠償請求権が発生する	○○○	雑収入 ※損害賠償金等	○○○
回収不能が確定した時	貸倒損失（従業員の場合）	○○○	貸付金	○○○
	役員賞与（取締役等の場合）	○○○	貸付金 預り金（源泉所得税）	○○○ ○○○
経費が過大に計上されているケース				
事例：私的な領収書で経費精算していた				
会社の会計処理	経費	○○○	現金預金	○○○
正しい会計処理	経理処理なし			
税務上の修正処理	横領損失 ※損害に伴う損失が発生する	○○○	経費	○○○
	貸付金 ※損害賠償請求権が発生する	○○○	雑収入 ※損害賠償金等	○○○
回収不能が確定した時	貸倒損失（従業員の場合）	○○○	貸付金	○○○
	役員賞与（取締役等の場合）	○○○	貸付金 預り金（源泉所得税）	○○○ ○○○

取締役等や従業員など会社関係者の不法行為等により会社が損害を受けた場合，損害による損失額（横領損失）はその損害が生じた事業年度における

損金となる。取締役等や従業員による着服横領等は事後的に発覚することが多く，この場合，着服横領等が行われた事業年度に遡って修正する必要がある。

　不法行為等により支払いを受ける損害賠償金等の益金算入時期については，法人税基本通達2-1-43に示されているが，この通達は他の者から支払いを受ける損害賠償金等に限定されている。得意先から受け取るリベートのように，取締役等や従業員による不法行為等が個人的なものなのか，それとも法人としてのものなのか峻別しにくいケースも多いため，取締役等や従業員から支払いを受ける損害賠償金等については，この通達によらずに個別に検討することになる。

　損害賠償請求権を貸付金などの債権として会計処理している場合，その後の回収状況や相手方の資産状況，支払能力等から見て債権の全額が回収できないことが明らかになった時は，その事業年度において貸倒損失として損金経理することができると思われる。

　一方，相手方が取締役等の場合には貸倒損失ではなく役員賞与と認定される可能性がある。役員賞与となった場合，会社に対して源泉徴収義務が生じ，不納付加算税が課されることとなる。また，取締役等の不法行為等が法人自身による行為と同視される場合，重加算税の対象となる，あるいは青色申告の承認が取り消されるなど，被害を受けた法人にもかかわらず大きな影響を受ける可能性がある。そのため，取締役等による不法行為等があった場合は特に注意が必要である。

③　個人所有土地の上に法人名義の建物がある場合の問題

　借地権とは建物の所有を目的とする地上権又は土地の賃借権をいい（借地借家法2)，第三者が所有する土地を賃借し，その上に建物を建てる時には，借地権が設定されたことになるため，借地権の対価として地主に権利金を支

払うことが一般的である。借地権の設定に当たり，通常，権利金を授受する取引慣行のある土地であるにもかかわらず，権利金を授受しない場合には，無償による経済的利益を受けたことになるため，原則として法人に権利金の認定課税が行われることとなる（法法22②）。一方，権利金の授受が行われていない場合でも，相当の地代の支払いがある（法基通13-1-2），あるいは「土地の無償返還に関する届出書」の提出がある（法基通13-1-7）場合には，特例として税務上，権利金の認定課税をしないこととされている。

中小企業の場合，経営者個人が所有する土地の上に法人名義の建物があるにもかかわらず，権利金の授受が行われていないケースがある。また，土地の使用料としての地代についても定期的な見直しが行われていない，あるいは業績が厳しいために地代が低額であったり，地代の授受が行われていなかったりなど税務上の論点となる状態を抱えている中小企業が少なくない。賃貸借契約なのか使用貸借契約なのか，権利金の授受を行っているのか行っていないのかなど，実際の状況によって税務上の取扱いが異なるため，経営者や株主個人が所有する土地の上に法人名義の建物がある場合には注意が必要である。

○関連条文・通達等

法人税基本通達2-1-43（損害賠償金等の帰属の時期）

　他の者から支払を受ける損害賠償金（債務の履行遅滞による損害金を含む。以下2-1-43において同じ。）の額は，その支払を受けるべきことが確定した日の属する事業年度の益金の額に算入するのであるが，法人がその損害賠償金の額について実際に支払を受けた日の属する事業年度の益金の額に算入している場合には，これを認める。

　（注）　当該損害賠償金の請求の基因となった損害に係る損失の額は，保険金又は共済金によりほてんされる部分の金額を除き，その損害の発生した日の属する事業年度の損金の額に算入することができる。

法人税法第 22 条（各事業年度の所得の金額の計算の通則）

第 2 項　内国法人の各事業年度の所得の金額の計算上当該事業年度の益金の額に算入
　　すべき金額は，別段の定めがあるものを除き，資産の販売，有償又は無償による資
　　産の譲渡又は役務の提供，無償による資産の譲受けその他の取引で資本等取引以外
　　のものに係る当該事業年度の収益の額とする。

法人税基本通達 13-1-2（使用の対価としての相当の地代）

　　法人が借地権の設定等（借地権又は地役権の設定により土地を使用させ，又は借地
権の転貸その他他人に借地権に係る土地を使用させる行為をいう。以下この章におい
て同じ。）により他人に土地を使用させた場合において，これにより収受する地代の
額が当該土地の更地価額（権利金を収受しているとき又は特別の経済的な利益の額が
あるときは，これらの金額を控除した金額）に対しておおむね年 8％程度のものであ
るときは，その地代は令第 137 条《土地の使用に伴う対価についての所得の計算》に
規定する相当の地代に該当するものとする。

（注）　1　～　2　省略

法人税基本通達 13-1-7（権利金の認定見合せ）

　　法人が借地権の設定等により他人に土地を使用させた場合（権利金を収受した場合
又は特別の経済的な利益を受けた場合を除く。）において，これにより収受する地代
の額が 13-1-2 に定める相当の地代の額に満たないとき（13-1-5 の取扱いの適用があ
るときを除く。）であっても，その借地権の設定等に係る契約書において将来借地人
等がその土地を無償で返還することが定められており，かつ，その旨を借地人等との
連名の書面により遅滞なく当該法人の納税地の所轄税務署長（国税局の調査課所管法
人にあっては，所轄国税局長。以下 13-1-14 までにおいて同じ。）に届け出たときは，
13-1-3 にかかわらず，当該借地権の設定等をした日の属する事業年度以後の各事業
年度において，13-1-2 に準じて計算した相当の地代の額から実際に収受している地
代の額を控除した金額に相当する金額を借地人等に対して贈与したものとして取り扱
うものとする。

　　使用貸借契約により他人に土地を使用させた場合（13-1-5 の取扱いの適用がある
場合を除く。）についても，同様とする。

（注）　1　～　2　省略

（2） 債権者（金融機関）

　債務者企業や保証人等から債権額の全部又は一部の返済が受けられない場合に生ずる損失が，税務上の損金となるかが重要なポイントとなる。なお具体的な税務上の考え方については，第2章第2節「債権者に係る税務」を参照いただきたい。

　債務者企業が既存設備の老朽化や顧客層の転換を図るために，既存設備の改装を行う場合，その設備投資が収益力の向上にどれくらい寄与するのか，事業計画の具体的内容や資金調達計画，収支計画などを検証する必要がある。改装期間中は営業を続けるのかどうか，改装のための設備資金や改装期間中の運転資金など，債務者企業にとって資金需要が大きくなる。債務者企業との取引関係を継続するのかどうか，あるいは新規事業に係る融資に対応するのかどうかの判断は，事業計画の実現可能性によるため，慎重に見極める必要がある。

（3） 経営者（社長Y）

① 個人所有土地の上に法人名義の建物がある場合の問題

　経営者個人が所有している土地の上に法人が建物を立てる場合，借地権が設定される。個人が借地権の対価として更地価額の50％超の権利金を受領する場合，土地の譲渡があったものとみなされ，譲渡所得の収入金額となる（所法33①，所令79）。一方，更地価額の50％以下の権利金を受領する場合には，譲渡所得ではなく不動産所得の収入金額となる。権利金を支払う法人側ではいずれも借地権の取得価額となるのに対して，受領する個人側では更地価額に対して受領する金額の割合によって所得区分が異なるため，注意が必要である。

　借地権の設定に当たり権利金を受領していない場合，賃借人である法人側

では，無償による経済的利益を受けたものとして受贈益を計上する必要があるが，賃貸人である個人地主は収入すべき金額がなく，また譲渡所得の基因となる資産の移転には，借地権等の設定は含まれないため（所基通59-5）課税関係は生じない。

② 個人所有の事業用資産を債務者企業へ私財提供する場合の問題

中小企業では経営者個人名義の資産を事業の用に供している場合がある。債務者企業の財務内容を改善するため，個人所有の事業用不動産を債務者企業に贈与する場合がある。

不動産や有価証券など，譲渡所得の基因となる資産を法人に著しく低い価格（資産の時価の2分の1に満たない金額）で譲渡，あるいは無償で贈与する場合，その時における価額に相当する金額（時価）により譲渡があったとみなされ，譲渡所得課税が行われる。この場合の時価は，通常の売買取引で成立すると認められる資産の価額をいい，財産評価基本通達による評価額ではないため注意が必要である。

現物出資により債務者企業に資産を移す場合，増資の手続きにより債務者企業の株式を新たに取得することになる。個人が譲渡所得の基因となる資産をもって現物出資を行った場合，譲渡所得の収入金額は現物出資により新たに取得した株式の取得時の時価となり，現物出資資産の時価と差額が生ずることがある。現物出資により取得した新株式の時価が現物出資資産の時価に比べて著しく低い場合には，現物出資資産の時価による譲渡があったとみなされるため注意が必要である。

私財提供や現物出資資産の時価に比べて著しく低い価額で増資が行われた場合，その資産の時価あるいは新株式の時価と現物出資資産の時価との差額に相当する分だけ既存株式の価値が上昇することになり，私財提供等した株

主からその他個人株主への贈与があったものとして、贈与税が課税される場合がある（相基通9-2）。

	株式価値が増加する要因	贈与したとみなされる者
イ	会社に対して無償で財産の提供があった場合	当該財産を提供した者
ロ	時価より著しく低い価額で現物出資があった場合	当該現物出資をした者
ハ	対価を受けないで会社の債務の免除、引受け又は弁済があった場合	当該債務の免除、引受け又は弁済をした者
ニ	会社に対し時価より著しく低い価額の対価で財産の譲渡をした場合	当該財産の譲渡をした者

　ただし、債務者企業が私財提供等により利益を受けたとしても、債務超過が解消していない場合は債務超過額が減少したに過ぎず、債務者企業の株式価値が増加したわけではないため、私財提供等した株主からの贈与はないものとされており、贈与税の問題は生じない（相基通9-3）。

③　債務者企業からの借入金がある場合の問題

　中小企業では決算を黒字にするため、費用処理すべき支出を経営者への貸付金で処理したり、役員報酬を減額する代わりに経営者への貸付金として支払っている場合がある。業績が回復した際に役員報酬を増額し、貸付金の清算をする予定であったものの、業績が回復しないため役員への貸付金が多額になってしまうケースがある。

　役員への貸付金を解消する方法はいくつか考えられるが、それぞれに税務上の論点があるため、どのように処理するのか検討が必要である。

経営者への貸付金を解消する具体的方法	税務上の論点
債務者企業にそのまま残す	経営者の相続財産の問題
役員報酬を増額し，清算する	役員報酬を増額する時期の問題
	役員報酬を増額する理由の問題
	役員報酬額の相当性の問題
債権放棄をする	貸倒損失の損金性の問題
	経営者の所得税の問題
	給与所得と認定された場合の源泉所得税の問題
個人所有資産で代物弁済を受ける	代物弁済する個人財産の評価の問題
	貸付金額と個人財産の評価額との差額の問題
役員退職慰労金で清算する	役員退職慰労金の損金性の問題
	役員退職慰労金額の相当性の問題
	役員退職慰労金に係る源泉所得税の問題

○関連条文・通達等

所得税法施行令第79条（資産の譲渡とみなされる行為）

第1項　法第33条第1項（譲渡所得）に規定する政令で定める行為は，建物若しく
　　は構築物の所有を目的とする地上権若しくは賃借権（以下この条において「借地
　　権」という。）又は地役権（特別高圧架空電線の架設，特別高圧地中電線若しくはガ
　　ス事業法第2条第12項（定義）に規定するガス事業者が供給する高圧のガスを通
　　ずる導管の敷設，飛行場の設置，懸垂式鉄道若しくは跨こ座式鉄道の敷設又は砂防
　　法（明治30年法律第29号）第1条（定義）に規定する砂防設備である導流堤その
　　他財務省令で定めるこれに類するもの（第1号において「導流堤等」という。）の
　　設置，都市計画法（昭和43年法律第100号）第4条第14項（定義）に規定する公
　　共施設の設置若しくは同法第8条第1項第4号（地域地区）の特定街区内における
　　建築物の建築のために設定されたもので，建造物の設置を制限するものに限る。以
　　下この条において同じ。）の設定（借地権に係る土地の転貸その他他人に当該土地
　　を使用させる行為を含む。以下この条において同じ。）のうち，その対価として支
　　払を受ける金額が次の各号に掲げる場合の区分に応じ当該各号に定める金額の10

分の5に相当する金額を超えるものとする。

一　当該設定が建物若しくは構築物の全部の所有を目的とする借地権又は地役権の設定である場合（第3号に掲げる場合を除く。）　その土地（借地権者にあつては，借地権。次号において同じ。）の価額（当該設定が，地下若しくは空間について上下の範囲を定めた借地権若しくは地役権の設定である場合又は導流堤等若しくは河川法（昭和39年法律第167号）第6条第1項第3号（河川区域）に規定する遊水地その他財務省令で定めるこれに類するものの設置を目的とした地役権の設定である場合には，当該価額の2分の1に相当する金額）

二　当該設定が建物又は構築物の一部の所有を目的とする借地権の設定である場合　その土地の価額に，その建物又は構築物の床面積（当該対価の額が，当該建物又は構築物の階その他利用の効用の異なる部分ごとにその異なる効用に係る適正な割合を勘案して算定されているときは，当該割合による調整後の床面積。以下この号において同じ。）のうちに当該借地権に係る建物又は構築物の一部の床面積の占める割合を乗じて計算した金額

三　当該設定が施設又は工作物（大深度地下の公共的使用に関する特別措置法（平成12年法律第87号）第16条（使用の認可の要件）の規定により使用の認可を受けた事業（以下この号において「認可事業」という。）と一体的に施行される事業として当該認可事業に係る同法第14条第2項第2号（使用認可申請書）の事業計画書に記載されたものにより設置されるもののうち財務省令で定めるものに限る。）の全部の所有を目的とする地下について上下の範囲を定めた借地権の設定である場合　その土地（借地権者にあつては，借地権）の価額の2分の1に相当する金額に，その土地（借地権者にあつては，借地権に係る土地）における地表から同法第2条第1項各号（定義）に掲げる深さのうちいずれか深い方の深さ（以下この号において「大深度」という。）までの距離のうちに当該借地権の設定される範囲のうち最も浅い部分の深さから当該大深度（当該借地権の設定される範囲より深い地下であつて当該大深度よりも浅い地下において既に地下について上下の範囲を定めた他の借地権が設定されている場合には，当該他の借地権の範囲のうち最も浅い部分の深さ）までの距離の占める割合を乗じて計算した金額

所得税基本通達59-5（借地権等の設定及び借地の無償返還）

　法第59条第1項に規定する「譲渡所得の基因となる資産の移転」には，借地権等

の設定は含まれないのであるが，借地の返還は，その返還が次に掲げるような理由に基づくものである場合を除き，これに含まれる。

（1） 借地権等の設定に係る契約書において，将来借地を無償で返還することが定められていること。

（2） ～ （3） 省略

相続税法基本通達 9-2（株式又は出資の価額が増加した場合）

同族会社（法人税法（昭和 40 年法律第 34 号）第 2 条第 10 号に規定する同族会社をいう。以下同じ。）の株式又は出資の価額が，例えば，次に掲げる場合に該当して増加したときにおいては，その株主又は社員が当該株式又は出資の価額のうち増加した部分に相当する金額を，それぞれ次に掲げる者から贈与によって取得したものとして取り扱うものとする。この場合における贈与による財産の取得の時期は，財産の提供があった時，債務の免除があった時又は財産の譲渡があった時によるものとする。

（1） 会社に対し無償で財産の提供があった場合　当該財産を提供した者

（2） 時価より著しく低い価額で現物出資があった場合　当該現物出資をした者

（3） 対価を受けないで会社の債務の免除，引受け又は弁済があった場合　当該債務の免除，引受け又は弁済をした者

（4） 会社に対し時価より著しく低い価額の対価で財産の譲渡をした場合　当該財産の譲渡をした者

相続税法基本通達 9-3（会社が資力を喪失した場合における私財提供等）

同族会社の取締役，業務を執行する社員その他の者が，その会社が資力を喪失した場合において 9-2 の（1）から（4）までに掲げる行為をしたときは，それらの行為によりその会社が受けた利益に相当する金額のうち，その会社の債務超過額に相当する部分の金額については，9-2 にかかわらず，贈与によって取得したものとして取り扱わないものとする。

なお，会社が資力を喪失した場合とは，法令に基づく会社更生，再生計画認可の決定，会社の整理等の法定手続による整理のほか，株主総会の決議，債権者集会の協議等により再建整備のために負債整理に入ったような場合をいうのであって，単に一時的に債務超過となっている場合は，これに該当しないのであるから留意する。

（4） 保証人（社長 Y の姉 Z）

中小企業では経営者の親族が物上保証人となり，親族が所有する財産に抵当権や質権を設定している場合がある。物上保証人は連帯保証人と異なり，保証する範囲は抵当権や質権を設定した財産に限られる。物上保証人が主債務者に代わりその債務を弁済し，あるいは質権の実行によって財産の所有権を失ったときは，保証債務を履行した場合と同様に，主債務者に対して求償権を有することになる（民法 351）。

物上保証人が保証債務を履行するために資産を譲渡した場合，履行に伴い有することとなった求償権の行使が不能となった時には，保証債務を履行するために資産を譲渡した場合の課税の特例（所法64②）を適用することができる。一方，債務者企業が作成した債務処理計画に基づき，物上保証人が債務者企業の事業の用に供されている資産を贈与したとしても，物上保証人が債務者企業の取締役等でない場合は，債務処理計画に基づき資産を贈与した場合の課税の特例（措法 40 の 3 の 2）の適用はない。そのため，債務者企業への贈与ではなく，債務者企業へ譲渡を行い，保証債務を履行するために資産を譲渡した場合の課税の特例の適用を受けられるよう関係者間の調整が必要である。

（5） 株主

株式会社を設立するためには発起人が必要であるが，1990 年に商法が改正されるまでは 7 名以上の発起人が必要とされていた。そのため払い込みは全額創業者が行ったにもかかわらず，親族などから名前だけを借りて設立するケースがあった。現在においても商法改正前に設立した株式会社の中には，名義株主が掲載されている株主名簿を見かけることがある。名義株主は実際に払い込みをしていないため，自分が株主であると認識していないケースが

少なくないと思われる。名義株主に相続が発生した場合に，相続財産として認識されておらず，生存していない名義株主が株主名簿に掲載されているというケースもある。

　税務では，資産又は事業から生じる収益は名義者ではなく真実の権利者に帰属するという実質所得者課税の原則という考え方がある（所法12，法法11）。

　事業計画を策定するに当たり株主の承認を得る必要はないが，事業計画に基づき債権者から金融支援を受ける場合には株主責任を明確にする必要がある。そのため，名義株が存在すると再生手続きに支障が生じる場合があるため，株主の整理をしておく必要がある。

　名義株を実際の株主に名義変更する場合，対価の支払いがなく，単に名義を書き換えただけでは贈与と取り扱われる可能性があるため（相基通9-9），株主名簿を書き換える際には，名義株主から名義株であることの確認書等を受領することが望ましいと思われる。

○関連条文・通達等

所得税法第12条（実質所得者課税の原則）

　資産又は事業から生ずる収益の法律上帰属するとみられる者が単なる名義人であつて，その収益を享受せず，その者以外の者がその収益を享受する場合には，その収益は，これを享受する者に帰属するものとして，この法律の規定を適用する。

法人税法第11条（実質所得者課税の原則）

　資産又は事業から生ずる収益の法律上帰属するとみられる者が単なる名義人であつて，その収益を享受せず，その者以外の法人がその収益を享受する場合には，その収益は，これを享受する法人に帰属するものとして，この法律の規定を適用する。

相続税法基本通達 9-9（財産の名義変更があった場合）

　不動産，株式等の名義の変更があった場合において対価の授受が行われていないとき又は他の者の名義で新たに不動産，株式等を取得した場合においては，これらの行為は，原則として贈与として取り扱うものとする。

【編著者略歴】

勢〆　健一（せしめ　けんいち）

アクタス税理士法人　パートナー　税理士

1971 年　千葉県生まれ。

2000 年　アクタスマネジメントサービス株式会社に入社。

2003 年　株式会社産業再生機構プロフェッショナルオフィスマネジャーに着任。

2005 年　アクタス税理士法人へ帰任。

2009 年　アクタス税理士法人のパートナーに就任。現在に至る。

【執筆者】

勢〆　健一

森高　信行

大貫　幸太郎

清水　浩平

アクタス税理士法人

　アクタスグループは，税理士，公認会計士，社会保険労務士，システムコンサルタントなどの専門家約 170 名で構成する会計事務所グループで，東京（赤坂・荒川・立川），大阪及び長野の計 5 拠点で活動している。

　中核となる「アクタス税理士法人」では，税務申告，連結納税，国際税務，組織再編，企業再生，相続申告など専門性の高い税務コンサルティングを提供している。また人事労務業務を提供する「アクタス社会保険労務士法人」，人事戦略コンサルを提供する「アクタス HR コンサルティング㈱」，システムを活用した業務改善コンサルを提供する「アクタス IT ソリューションズ㈱」と有機的に連携し，経理，人事，総務業務のワンストップサービスを提供している。

　「常にお客様の立場で考え，独創的な発想で，満足度の高いサービスを提供し，お客様の成長と発展のために行動する」ことをモットーとしている。

連絡先

アクタス税理士法人

〒 107-0052　東京都港区赤坂 4-2-6　住友不動産新赤坂ビル

電話　03-3224-8888

FAX　03-5575-3331

URL：http://www.actus.co.jp/

Mail：info@actus.co.jp

著者との契約により検印省略

令和3年10月15日　初版発行

ステークホルダー別
私的企業再生の
税務ハンドブック

著 者	勢 〆 健 一
発 行 者	大 坪 克 行
印 刷 所	美研プリンティング株式会社
製 本 所	牧製本印刷株式会社

発 行 所　〒161-0033　東京都新宿区　　株式　税務経理協会
　　　　　下落合2丁目5番13号　　　　会社

振替　00190-2-187408　　　　電話　(03) 3953-3301 (編集部)
FAX (03) 3565-3391　　　　　　　　(03) 3953-3325 (営業部)
URL　http://www.zeikei.co.jp/
乱丁・落丁の場合は，お取替えいたします。

Ⓒ　勢〆 健一　2021　　　　　　　　　　Printed in Japan

ISBN978－4－419－06828－8　C3034